FERRET GUIONIE 1984

COLLECTION MICHEL LÉVY

# LE
# CHATEAU VERT

## CHEZ LES MÊMES ÉDITEURS

### OUVRAGES
# DE MÉRY
Format grand in-18

| | |
|---|---|
| LES AMOURS DES BORDS DU RHIN. .................... | 1 VOL. |
| UN CRIME INCONNU..................................... | 1 — |
| LES JOURNÉES DE TITUS ............................... | 1 — |
| MONSIEUR AUGUSTE (2ᵉ édition)....................... | 1 — |
| LES MYSTÈRES D'UN CHATEAU ........................ | 1 — |
| POÉSIES INTIMES....................................... | 1 — |
| THÉATRE DE SALON, 2ᵉ édition....................... | 1 — |
| NOUVEAU THÉATRE DE SALON ......................... | 1 — |
| TRAFALGAR............................................. | 1 — |
| LES UNS ET LES AUTRES ............................... | 1 — |
| URSULE (2ᵉ édition).................................... | 1 — |
| LA VÉNUS D'ARLES .................................... | 1 — |
| LA VIE FANTASTIQUE................................... | 1 — |
| LE PARADIS TERRESTRE, 2ᵉ édition................... | 1 — |
| MARSEILLE ET LES MARSEILLAIS, 2ᵉ édition........... | 1 — |
| UN AMOUR DANS L'AVENIR............................. | 1 — |
| ANDRÉ CHÉNIER....................................... | 1 — |
| LA CHASSE AU CHASTRE................................ | 1 — |
| LE CHATEAU DES TROIS TOURS ....................... | 1 — |
| LE CHATEAU VERT..................................... | 1 — |
| UNE CONSPIRATION AU LOUVRE....................... | 1 — |
| LES DAMNÉS DE L'INDE................................ | 1 — |
| UNE HISTOIRE DE FAMILLE............................ | 1 — |
| UN HOMME HEUREUX................................... | 1 — |
| UNE NUIT DU MIDI..................................... | 1 — |
| LES NUITS ANGLAISES................................. | 1 — |
| LES NUITS D'ORIENT .................................. | 1 — |
| LES NUITS ESPAGNOLES................................ | 1 — |
| LES NUITS ITALIENNES................................. | 1 — |
| LES NUITS PARISIENNES................................ | 1 — |
| SALONS ET SOUTERRAINS DE PARIS.................... | 1 — |
| LE TRANSPORTÉ....................................... | 1 — |

POISSY. — TYP. ET STÉR. DE A. BOURET.

# LE
# CHATEAU VERT

PAR

## MÉRY

NOUVELLE ÉDITION

PARIS

MICHEL LÉVY FRÈRES, LIBRAIRES ÉDITEURS

RUE VIVIENNE, 2 BIS, ET BOULEVARD DES ITALIENS, 15

A LA LIBRAIRIE NOUVELLE

—

1867

Droits de reproduction et de traduction réservés

# LE CHATEAU VERT

## UNE AMIE DE PENSION

Les hommes font leur avenir, les femmes l'attendent. Nous nous gardons bien de donner à cette maxime un sens absolu, on la combattrait avec trop d'exceptions ; d'ailleurs l'absolu n'existe pas en ce monde.

Il nous suffit d'avoir vu beaucoup d'hommes arranger leurs destinées comme des pièces d'échecs, et beaucoup de femmes se résigner passivement à attendre le jeu de ces pièces ; il nous suffit d'avoir toujours vu les hommes calculer et les femmes rêver, pour ne pas nous préoccuper des exceptions.

Heureusement la Providence vient au secours des femmes qui méritent ses soins, et leur ménage, par des procédés mystérieux, un avenir qu'elles ne peuvent arranger.

Claire Geoffrin entrait, à l'âge de douze ans, dans la maison d'éducation que dirige à Versailles madame Bertin-Prieur.

Le règlement intérieur de cette maison a emprunté beaucoup d'articles aux institutions monastiques : les jeunes pensionnaires y vivent à peu près comme dans un couvent : toutefois on n'y néglige point les arts agréables qui font les délices de la vie mondaine, la musique, le dessin et le chant.

La jeune Claire était bien triste le soir de son entrée, et elle répondit par des pleurs aux gracieuses avances de ses compagnes, qui voulaient toutes être de bonnes amies pour elle avant de savoir son nom. Après la prière, une sous-maîtresse grave, quoique très-jeune, conduisit Claire dans sa petite chambre monastique, et lui dit :

— Mademoiselle, votre sœur Laure est entrée ici comme vous en pleurant, et le lendemain elle était consolée. Vous ferez comme votre sœur.

Claire, par un geste insensible, donna un démenti à cette prédiction.

Cette première nuit en effet ne sembla pas préparer les sourires du lendemain.

Claire dormit peu et pleura beaucoup.

Quand les premiers rayons du soleil du 24 avril jouèrent dans les rideaux de sa fenêtre, elle ouvrit les yeux et vit une ombre légère qui s'agitait sur le mur blanc de sa cellule, dans une éclaircie lumineuse.

Les terreurs de la nuit se dissipent au soleil levant. Claire regarda cette ombre flottante avec un intérêt singulier, et comme toute ombre fait supposer un corps, elle se leva, s'habilla, et ouvrit sa fenêtre pour découvrir le corps de cette ombre.

Une distraction de ce genre paraît bien faible aux gens d'âge mur, eh bien ! elle fut suffisante pour intéresser vivement une très-jeune fille, tarir une source inépuisable, et donner un meilleur lendemain à une veille de désolation.

Du premier coup d'œil, Claire aperçut une jolie petite rose blanche, bouton de la veille, qui se détachait d'un rosier grimpant et suivait tous les caprices de cette brise matinale appelée *zéphyr* autrefois.

Cette fleur semblait faite de l'ivoire mat du magnolia ; ses petites feuilles, disposées avec une exquise symétrie, avaient sur leurs bordures une teinte rose imperceptible, et dans la fossette du milieu le soleil avait incrusté un sourire du printemps.

Elle jouait toujours à l'angle du mur, en secouant sa dernière perle de rosée ; elle semblait heureuse comme une reine, ou comme une fleur qui doit vivre éternellement.

Claire conçut tout de suite une vive tendresse pour cette fleur pensionnaire, qui s'était levée avant le soleil pour lui faire un salut si charmant, une révérence si gracieuse !

Elle eut au même instant l'idée bien naturelle chez une jeune fille, l'idée de cueillir cette rose, pour orner son corsage d'un vrai bijou végétal ; mais les petits doigts qui allaient commettre ce meurtre s'arrêtèrent subitement ; le son de la cloche retentit dans le dortoir, et la sous-maîtresse entra.

— Déjà levée ! dit-elle ; c'est très-bien ! voilà qui annonce une grande aptitude pour le travail. Dans dix minutes, mademoiselle Claire, vous descendrez à la chapelle pour la prière. Employez ce temps à lire le règlement de la communauté.

En disant cela, le doigt de la sous-maîtresse désignait un petit tableau encadré de noir et suspendu au mur.

Et elle sortit.

Claire lut tout le règlement, et un seul article la frappa, celui-ci :

*Il est défendu de cueillir des fleurs dans le jardin.*

Mais il me semble, se dit-elle, que les fleurs sont faites pour être cueillies ! Chez moi, j'en cueillais tous les jours. Je dirai à maman de me mettre dans une autre pension. On est trop mal dans celle-ci.

Malheureusement, ou heureusement pour Claire, il y avait, à côté de cette mère complaisante, un père qui savait faire modérer sa tendresse dans l'intérêt du bonheur de sa fille, qui avait dit à Claire, au moment des adieux :

— Chère enfant, si je t'aimais moins, je te garderais dans la maison; je te donnerais des maîtresses de chant et de piano, qui causeraient leur leçon avec ta mère, pour ne pas te fatiguer, et ne t'enseigneraient rien, à dix francs le cachet.

Je te place dans un pensionnat où l'émulation conseille le travail, où chaque jour apporte un devoir à remplir, où rien ne distrait de l'étude, rien, pas même les caresses d'une mère. Le monde où tu dois vivre exige beaucoup aujourd'hui d'une femme; la bonne éducation est la seule noblesse du moment.

On t'enseignera d'abord les devoirs religieux qui comprennent les devoirs de la mère de famille, et après les arts d'agrément, ceux qui charment les ennuis dont la vie est faite.

Ma chère fille, écoute bien ceci : sans les ressources spirituelles que nous donne une bonne éducation, la richesse même est un trésor d'ennui, et l'ennui conduit au mal, comme sa sœur l'oisiveté.

Quoique très-jeune, tu es assez intelligente déjà pour comprendre ces choses. Mets-les bien avant dans ta fraîche mémoire, et pense à ton père, qui t'exile de ses bras pendant deux longues années, pour te donner le bonheur d'une vie; adieu, ma Claire, adieu.

Il n'y aurait que deux mots à retrancher dans ces adieux paternels, ceux-ci : *deux ans ;* à l'âge de Claire, ils sont synonymes de l'éternité : ce n'est qu'après la vingtième année qu'ils semblent avoir la rapidité de deux heures.

Or ces *deux ans* motivaient presque seuls les larmes versées avec abondance entre la veille et le lendemain.

A la première heure de récréation, Claire fut mise à l'écart par les jeunes élèves ; on lui tenait rigueur de sa conduite de la veille ; elle n'avait pas répondu aux avances de toutes ces amitiés accourues aux premières larmes du noviciat.

On la jugea fière et dédaigneuse, deux vilains défauts qui provoquent l'isolement comme punition.

Les enfants comme les hommes ont la manie de juger avec trop de précipitation, et souvent ils maintiennent un premier arrêt, bien qu'il soit reconnu injuste plus tard.

Claire accepta volontiers cette exclusion qui la mettait à son aise : elle avait un caractère répulsif aux liaisons improvisées ; on l'écartait, elle écartait.

Toutes ces figures d'ailleurs étaient trop riantes pour comprendre un chagrin.

Mieux valait pleurer seule ; les larmes isolées ont une certaine douceur qui ressemble à un soulagement et dispense des consolations d'autrui.

Claire était trop jeune pour analyser ces choses; mais dans les cœurs bien faits le sentiment arrive avant l'analyse, la pensée avant le mot.

Un petit incident de récréation exerça une nouvelle influence sur la détermination de la jeune Claire.

Elle s'était assise dans un bosquet, déjà tout couvert de feuilles, et elle entendit, sans être vue, un entretien de pensionnaires qui l'intéressait beaucoup. C'était un babil charmant fait de dix voix qui parlaient toutes ensemble, comme des oiseaux dans une volière; c'était un feu croisé de demandes, de réponses, d'observations, d'éloges, de critiques, éclatant toutes à la fois.

On disait en chœur :

— Elle s'appelle Claire Geoffrin.
— Elle est de Sedan.
— Son père est dans le commerce.
— Il n'y a pas de quoi être si fière.
— Je la croyais noble..
— C'est la fille d'un fabricant de draps.
— En gros.
— Nous avions sa sœur l'année dernière.
— Ah! c'est la sœur de Laure!
— Oui.
— Laure était bien jolie!
— Et elle-ci est laide.
— Sa figure me déplaît.

— A moi aussi.

— A moi aussi.

— Oh ! ne dites pas qu'elle est laide.

— Nous voulons le dire, nous.

— Vous avez tort ; elle est sérieuse ; si elle riait elle serait jolie comme un ange.

— Allons donc !

— Elle a des traits charmants, des yeux doux, une bouche délicieuse, et elle est faite à ravir.

Ce dernier portrait excita un orage dans le petit tribunal d'écolières ; Claire n'entendit plus que des cris confus, qui se mêlèrent au tocsin de la cloche annonçant la rentrée aux classes.

La jeune novice se leva tout émue ; c'était la première fois qu'elle entendait parler d'elle, et son pauvre cœur saignait.

Une bonne parole avait pourtant adouci les amertumes souffertes, et elle aurait bien voulu connaître l'élève qui venait de la défendre si bien contre toutes ; mais, dans sa position du bosquet, elle écoutait et ne pouvait rien voir.

— C'est bien décidé, dit-elle en rentrant, je n'aurai jamais d'amie dans ce couvent de jalouses.

Et comme elle levait les yeux sur la façade de la maison, elle tressaillit d'une sorte de joie en apercevant la rose d'ivoire qui jouait toujours devant la vitre, et semblait la saluer en s'inclinant.

Bonne fleur ! pensa Claire ; c'est la seule amie qui m'ait donné un instant de bonheur depuis l'adieu de ma mère !

En conduisant Claire à sa classe, la sous-maîtresse lui fit quelques questions obligeantes, ce qui encouragea la jeune fille à faire une question à son tour.

— Pourquoi, demanda-t-elle, est-il défendu de cueillir des fleurs ?

— On a voulu imposer une privation de plus, répondit la sous-maîtresse d'un ton sec.

Claire ne comprit pas bien, mais elle s'inclina comme si elle eût compris tout à fait.

Cette première journée d'études, qui devait être renouvelée si longtemps, dans sa distribution immuable et monotone, donna des distractions salutaires à la jeune fille ; les maîtresses de chant et de piano surtout lui devinrent tout à coup sympatiques, et comme elle avait beaucoup de goût pour les arts d'agrément, elle entrevit dans cette étude spéciale, une récréation permanente, qui la dédommageait de la géographie, de l'histoire, des mathématiques, et des malins propos que la jalousie lançait à ses oreilles dans la récréation du jardin.

Le lendemain, le même rayon la réveilla sur sa couchette ; elle revit la même ombre flottante sur le mur, et donna sa première pensée à son amie, la blanche fille d'avril, qui s'inclinait sur la vitre, comme une visiteuse matinale descendue du ciel.

Pourquoi dit-on, pensa-t-elle, que les roses ne vivent qu'un matin?

Ce doit être une erreur faite par des hommes qui n'ont jamais été dans un pensionnat.

Voilà une rose qui vit depuis deux jours, et qui vivra demain encore, et toute la semaine. Je prierai Dieu pour elle, afin qu'elle vive au moins tout le mois.

En effet, la fleur paraissait jouir d'une constitution vigoureuse; aucun symptôme d'agonie ne se manifestait sur ses feuilles d'ivoire, dont le tissu énergique semblait avoir la vitalité du métal. Claire fut très-joyeuse de revoir son amie dans un état de santé florissante; elle l'effleura de ses lèvres avec une délicatesse exquise, de peur de la vieillir, et la rose, en se relevant à la brise, rencontra une petite boucle de cheveux noirs, et lutina joyeusement avec elle, comme pour la remercier du baiser d'ange qu'elle avait reçu.

A l'âge de douze ans, lorsque l'imagination est vive, on personnifie tout; comme dans l'enfance du monde, on fait de la mythologie et de la métempsycose, sans connaître Homère, Ovide et Claudien.

Grâce à la musique et à son amie de la fenêtre, Claire commençait à s'habituer à la vie du couvent.

Elle ne s'inquiétait même plus des malins propos, qui arrivaient par intervalles à ses oreilles dans les allées du jardin; elle répondait, avec une politesse froide, à toutes les élèves, mais elle ne se liait pas.

Si les roses d'ivoire vivaient deux ans, Claire aurait supporté très-légèrement son exil.

Par malheur, son amie, cette belle visiteuse qui avait charmé son premier réveil, donna des signes de dépérissement, et malgré tous les soins délicats qu'une jeune fille put rendre à une sœur dans une maladie incurable, la pauvre rose prit des teintes lugubres, s'effeuilla, et parut exhaler le dernier soupir dans une caresse mouillée de larmes.

Alors, Claire ne crut pas transgresser le réglement de la maison, en coupant la tige qui supportait les restes mortels de la fleur, et la précieuse relique fut ensevelie dans un petit coffret de palissandre.

Le temps, ce grand révélateur, nous apprendra que l'avenir et le destin de Claire étaient dans ce coffret.

Laissons faire le temps.

Après ce malheur, une seule consolation restait à Claire, l'étude ; elle fut sourde à toute les déclarations d'amitié ; elle n'écouta que ses maîtresses ; elle s'imposa l'acharnement du devoir, et à force de s'étourdir, elle donna toutes les richesses possibles à sa mémoire et à son esprit.

Nous la retrouverons trois ans après, dans une brillante soirée donnée par son père, dans une maison de campagne près de Sedan.

Claire est maintenant une grande et belle demoiselle, qui n'a conservé de ses jours du pensionnat qu'une physionomie sérieuse, mais toujours tempérée par la douceur du regard.

Elle vient de chanter le morceau qui lui a valu le premier prix : c'est l'*Inflammatus* du divin *Stabat*, de Rossini.

Les jeunes gens et les jeunes femmes, ces heureux conquérants de l'avenir, ont applaudi avec enthousiasme, et ratifié la décision du premier prix. Claire, toujours calme, traverse les salons et arrive sur la terrasse pour respirer un peu de fraîcheur.

Deux jeunes femmes se promenaient sous les arbres et ne paraissaient pas s'intéresser beaucoup au concert du salon. Au bruit des pas de Claire, l'une d'elles se retourna et dit :

— Tiens ! c'est toi ! Viens donc : tu n'es pas de trop ; viens faire la troisième Grâce.

C'était Laure, la sœur aînée de Claire ; elle agitait, en ce moment, comme on va le voir, une grave question avec son amie de pension, mademoiselle Blanche Desjantais.

— Ma petite Claire, dit Laure avec une vivacité folle, tu nous pardonneras, n'est-ce pas ? Nous n'avons pas entendu ta romance ; je n'ai pas l'oreille au chant, et tu sais pourquoi. Voilà deux prétendus qui se présentent pour m'épouser : le jeune avocat qui a tant de mérite, et le jeune rien du tout qui a tant d'argent.

Il faut choisir. Notre père me laisse libre ; toi, tu n'entends rien à ces choses; moi, j'ai peur de me laisser tenter par le mérite, et voilà ma bonne amie de pension qui ne m'a jamais donné que de bons conseils, et qui, ce soir, me pousse du côté de l'argent. C'est très-délicat.

— Mais tout le monde raisonnable donnera le même conseil, ma chérie, dit Blanche sur le même ton de vivacité; un avocat de province, vois-tu, ne gagne rien; il ne plaide qu'aux assises et pour des clients ruinés, puisqu'ils sont criminels.

J'ai un cousin, à Lille, qui a défendu beaucoup de condamnés à mort; le journal du pays l'a comparé à Mirabeau, personne n'a cru le journal ; voilà tout ce que mon cousin a gagné.

Achète seulement un éventail avec ce gain ; et puis, mon ange, la province n'est pas faite pour toi, tu appartiens à Paris, comme l'étoile appartient au ciel.

C'est la ville des femmes : les laides y deviennent belles ; les belles y deviennent déesses, on les adore à genoux. Oh! Paris! moi, quand je prononce ce nom, je me brûle la lèvre!

L'autre jeune homme, celui qui n'a point d'état, veut t'emmener à Paris; il a des chevaux, une calèche, un coupé, une grande fortune, deux oncles vieux, un groom, une loge à l'Opéra, et tu balances, ma petite Laure! et tu vas me parler encore de ton avocat qui passe sa jeunesse à crier devant un jury et sort du palais avec un parapluie et dix kilogrammes de papier jaune sous les bras !

Laure, si tu épouses cet avocat, nous nous brouillons ; plus d'amitié entre nous ; je déteste les folles.

Claire écoutait avec une sorte d'effroi cette dangereuse conseillère qui tentait les femmes, comme un démon, et qui avait déjà pris un funeste ascendant sur sa sœur aînée.

De son côté, Laure, étourdie par la volubilité de son amie de pension, et vaincue par une logique irrésistible, ne répondait plus que par un silence qui ressemblait à une adhésion.

Le choix du prétendu était décidé résolument.

L'avocat venait de perdre son procès ; Paris avait gagné le sien.

Laure jetait les yeux sur la gare du chemin de fer, et elle entrevoyait déjà sur l'horizon un éblouissant mirage de salons dorés, de lustres d'étoiles, de gerbes de pierreries, de toilettes splendides, de nuages de velours, d'équipages blasonnés ; tout un monde de fleurs, de gaze, de parfums, de musique, d'élégance, d'ivresse, d'enchantement ; Paris, en un mot, Paris vu de la province ; la capitale du rêve, du théâtre, du roman moderne ; le paradis terrestre de toutes les Èves ; la seule ville où les femmes ont toujours trente ans.

Le choix fait, le mariage ne se fait point attendre. Perdre une semaine de sa jeunesse en province, c'est perdre un siècle de printemps à Paris.

La réalité remplaça le rêve.

Laure épousa la richesse, et le mérite fut congédié.

Dans les familles riches, le mariage appelle le mariage. Claire avait beau vivre dans l'isolement, l'éclat de ses talents et de sa beauté remplissait sa ville natale, et à son insu, des protocoles matrimoniaux s'échangeaient chaque jour entre son père et les familles de prétendants inconnus, tous bien posés dans le monde du travail ou du loisir.

M. Geoffrin et sa femme avaient recours aux innocentes supercheries encore en usage en province; ils invitaient à dîner toute une famille, et le lendemain on demandait à Claire son opinion sur le fils aîné, convive de la veille.

Claire ouvrait de grands yeux et regardait sa mère; M. Geoffrin, alors, renouvelait la question, avec une nonchalance adroite, et Claire répondait qu'elle n'avait pas remarqué le jeune homme et qu'elle n'avait aucune opinion sur lui.

Mariage rompu.

Par convenance, on répondait à la famille du prétendant que Claire était encore trop jeune pour songer à s'établir.

Un coup de foudre tombé de la gare du chemin de

fer suspendit tous les protocoles en jetant la consternation dans la maison de M. Geoffrin.

On a trouvé dans ce siècle l'art de se ruiner complétement au coup de deux heures et demie.

Le mari de Laure, simple millionnaire, poursuivant trois zéros de plus, venait de s'écrouler dans une baisse de six francs, à la Bourse de Paris.

Une lettre écrite avec des larmes et signée Laure, annonçait la catastrophe, et la pauvre femme suivit sa lettre et arriva chez son père le lendemain.

Son mari, tourmenté par des agents de change, avait pris la ressource ordinaire des blessés de la Bourse : il était à l'ambulance de la Belgique.

Le bon sens était une vertu dominante chez les Geoffrin. Personne ne profita de l'occasion pour récriminer ; Laure fut accueillie avec des transports de joie, comme si elle eût été heureuse.

Ordinairement on se sert de leurs infortunes pour égorger les malheureux.

Il fut même convenu en famille que les apparences seraient sauvées et que tous les efforts de prudence seraient tentés pour dérober à la connaissance du monde ce fatal événement.

— Il faut toujours éviter d'être plaint, dit le père à Laure; quand elle ne vient pas d'un bon ami, ou d'un parent, la plainte est presque toujours une ironie.

Le monde, qui accepte toujours les apparences, continua ses visites dans les salons de M. Geoffrin, et les femmes d'âge mûr et oisives, qui croient toujours un peu se marier quand elles marient les autres, continuèrent leurs bons offices et proposèrent des partis avantageux à la mère de Claire.

Quelques jeunes gens qui, par leur position ou leur fortune, croyaient justement pouvoir se passer des agences matrimoniales, ne manquaient pas une invitation aux soirées des Geoffrin, et hasardaient timidement un exorde de déclaration, entre deux airs de piano.

Claire écoutait tout et ne comprenait rien.

Elle avait inventé un genre qui n'était ni de la coquetterie, mère de l'espoir éternel, ni la sévérité qui donne le découragement. Elle paraissait absorbée, avec une étourderie enfantine, dans ses partitions, ses album, ses lectures, ses méthodes de chant, ses tendresses pour sa mère, et ne laissait pas supposer qu'il y eût au fond de son cœur une autre pensée en dehors des cercles de futilités gracieuses et d'innocentes passions.

Tout un hiver s'était écoulé, emportant avec lui beaucoup de propositions de mariage; avril revenait au monde avec ses grâces et sa couronne de fleurs.

La maison Geoffrin gardait sa dernière soirée de ville pour le printemps. Il y avait dans les salons du riche industriel, une foule plus grande que de coutume.

Beaucoup de prétendants, échoués sur l'écueil du refus, avaient remis leur barque à flot, et comptaient sur le changement de saison.

On annonça un nom nouveau, M. Jules Lalonde.

Ce jeune homme entrait chez M. Geoffrin pour la première fois; il paraissait âgé de vingt-six à vingt-huit ans, et n'avait rien de remarquable dans son extérieur. Il s'avança vers la maîtresse de la maison, qui lui serra affectueusement la main, et lui dit :

— Ma fille n'est pas encore descendue, et mon mari fait son *whist* dans l'autre salon. Je vous présenterai.

Ce *je vous présenterai* ne semblait pas avoir sa signification ordinaire.

Il y eut un échange de regards d'intelligence, et le jeune homme, isolé dans un monde inconnu, se dirigea vers un guéridon, et se mit à feuilleter des album et des voyages illustrés.

Claire descendit enfin; ce n'était pas le soin trop prolongé de sa toilette qui l'avait retenue; elle avait travaillé une heure, et diminué à son profit la somme d'oisiveté qu'une soirée exige.

Sa mère lui fit un de ces signes qui ont un mystère, et lui montrant un fauteuil voisin, elle lui dit : Nous avons ce soir un nouvel invité... le fils d'un ancien ami de ton père.

Claire répondit par un *ah!* insignifiant, et laissa tomber la conversation.

— On dit beaucoup de bien de ce jeune homme, reprit la mère ; son père veut l'établir, parce qu'un bon mariage faciliterait son avancement ; il n'a pas de fortune, mais le ministre lui a promis une place de référendaire à la Cour des comptes.

— Eh bien! dit Claire en regardant sa mère en face.

Cet *eh bien !* signifiait :

— Tout cela m'est bien égal ; et le regard fixe de Claire voulait dire :

— C'est toujours la même chanson ; je ne veux pas qu'on me choisisse un mari, je veux le choisir.

La mère ajouta :

— C'est ce jeune homme qui ferme un livre et vient à nous. J'ai promis de le présenter.

Jules Lalonde s'avança, s'inclina devant Claire, et madame Geoffrin prononça vaguement la formule de présentation.

La cérémonie faite, le jeune homme se dirigea vivement vers le piano, et se mit à ravager les partitions.

On ne trompe pas l'œil d'une mère ; madame Geoffrin remarqua un trouble extraordinaire chez sa fille, trouble à la vérité très-bien contenu. Jules Lalonde n'était ni un Antinoüs en frac noir, ni un jeune premier du Gymnase, ni un ténor de salon; il ne possédait donc aucune de ces fascinations physiques ou artistiques qui peuvent, si l'on en croit les romans, troubler un jeune cœur à première rencontre.

Une mère avait intérêt à éclaircir tout cela, et elle usa d'un procédé fort bon : elle se tut et n'interrogea pas.

Ce fut alors Claire qui interrogea, mais après un long silence.

La mère répondit, mais d'un air distrait, comme si elle n'eût attaché aucune importance aux questions relatives à ce jeune homme :

— Il est d'Elbeuf; il a fait ses études à Paris; il dînera demain chez nous.

Ces derniers mots, prononcés d'un ton négligent, firent tressaillir Claire.

Madame Geoffrin cherchait le mot de l'énigme et ne trouvait rien.

Dans cette soirée, la jeune fille se révéla sous un jour tout nouveau; pour la première fois de sa vie, elle déposa les lignes sévères de son visage, cette ancienne physionomie de pensionnat qui lui donnait un faux air de Minerve, et elle se composa des sourires qui, bien qu'artificiels d'abord, donnèrent à ses traits une grâce et un charme adorables.

Sa mère ne la reconnaissait plus.

Madame Geoffrin avait hâte de communiquer ses réflexions à son mari, et et elle lui faisait des signes par-dessus la tête de son partner, à la table de whist; mais M. Geoffrin, qui perdait trois *robs* et cherchait des *atouts* absents, attendait un retour de bonheur pour répondre à sa femme.

Un homme qui poursuit le *trick* est seul sur la terre; treize cartes forment et ferment son horizon.

Au grand salon, le piano s'agitait sous les doigts de Claire; la jeune fille exécutait une brillante fantaisie de Herz, souvent interrompue par les bravos, et après, elle chanta, sans se faire prier, circonstance qui foudroya sa mère de stupeur, elle chanta *Bel raggio* de *Sériramis.*

Madame Geoffrin regardait le plafond, et continuait de ne rien découvrir.

Ce mystère devait avoir sa raison d'être: on le découvrit quinze jours plus tard.

Madame Geoffrin, par une belle soirée de mai, se promenait avec sa fille dans le jardin et causait avec elle de choses indifférentes; tout à coup, la bonne mère embrassa Claire vivement et lui dit:

— L'ami de ton père, M. Lalonde, te demande en mariage pour son fils.

Claire rendit la caresse et dit d'une voix émue: — Accepté, cette fois.

— Maintenant, reprit la mère, explique-moi tout, car je ne comprends rien à ce que je vois depuis quinze jours.

Claire cueillit une rose d'ivoire dans le jardin et dit :

— Bonne mère, voilà l'amie de pension qui m'a conseillé de me marier. Rappelez-vous bien la soirée d'avril; M. Jules Lalonde portait à sa boutonnière une rose pareille à celle-ci... Vous ne comprenez pas davantage, n'est-ce pas? Eh bien ! c'est tout une histoire de pensionnat, et quand je vous l'aurai dite, vous comprendrez tout.

Alors Claire raconta l'histoire de sa seule amie de pension, de la rose de la fenêtre, et en finissant elle ajouta :

— Puisqu'il faut qu'une jeune fille se marie, je me soumettrai à la loi commune, mais j'ai attendu, non pas un conseil, comme ma pauvre sœur Laure, mais quelque chose qui ressemblât à une indication de la Providence.

En voyant M. Lalonde pour la première fois, il m'a semblé qu'un doigt providentiel me le désignait clairement comme le mari attendu.

Madame Geoffrin serrait sa fille dans ses bras, et couvrait de caresses les deux roses.

— Le doigt de la Providence est partout, lui dit-elle, mais il faut avoir des yeux pour le voir. Tu seras heureuse, mon enfant.

Cette prédiction maternelle s'est accomplie. Aujourd'hui Claire est dans la cinquième année de son mariage, et sa lune de miel n'est pas finie; tout annonce même qu'elle ne finira pas.

# ADRIENNE CHENEVIER

## 1

### LA FAMILLE CHENEVIER

Lorsqu'on réfléchit profondément sur les petits hasards qui, par des échelons invisibles, amènent les grandes destinées, on est tenté de renoncer aux calculs, à la prévoyance, aux combinaisons, et d'attendre, les bras croisés, avec la philosophie du fatalisme oriental, le mystérieux lendemain que la Providence nous réserve; car, a dit un poëte :

> C'est au hasard qu'il faut vivre,
> Or, vivons insoucieux,
> Notre existence est un livre
> Qui nous tombe écrit des cieux.

Ce début si grave ne doit rien faire soupçonner d'alarmant au fond du récit qui va suivre.

Une histoire légère donne toujours à ses premières lignes des teintes sérieuses, et prend des allures solennelles pour descendre aux détails familiers.

Ainsi, personne ne se douterait des infortunes d'un rentier parisien, héros de ce récit, en lisant cette réflexion, empruntée à un philosophe : « Il avait bien raison, cet historien qui démontrait que le fameux Gengis-Khan avait détruit l'empire des Sarrasins, en 1227, parce qu'un bonze du Penjab avait avancé le pied droit au lieu du gauche, sur les rives du Gange en 1218.

Tout se lie, tout se tient.

La vie des hommes et l'histoire des peuples sont faites de chaînons. »

M. Fulcrand Chenevier habitait un sixième étage, rue Nazareth, à Paris. Sa femme et Adrienne sa fille se résignaient depuis quinze ans à l'intolérable régime d'une vie sédentaire, et ne quittaient leur mansarde, véritable *toit paternel,* qu'une fois l'an, les jours de fête anniversaire, où tout le pauvre Paris, reclus trois cent soixante-quatre jours, sort pour voir les pantomimes des Champs-Élysées et le feu d'artifice municipal.

Cinq cent mille Parisiens des deux sexes ne descendent sur la rue que ces jours-là ; aussi la circulation est fort difficile sur les quais et les boulevards.

Tous les jours, M. Chenevier se croyait dans l'obligation de dire à sa femme et à sa fille cette longue phrase :

« Mes bonnes amies, deux mille francs de rente, vous le savez, rente réduite à dix-sept cent quatorze francs soixante-deux centimes, par les contributions directes. Une grande économie peut me permettre de lier les deux bouts à la fin de l'année ; cependant je médite nuit et jour, et j'espère arriver à faire quelque découverte scientifique qui nous donnera l'aisance. En attendant, contentons-nous du strict nécessaire, et vivons comme si nous n'avions rien. »

Les deux femmes baissaient la tête avec soumission, et semblaient dire par cette pantomine : Nous attendons la découverte.

M. Chenevier avait monté sa vie comme une montre, et refaisait invariablement le lendemain ce qu'il avait fait la veille.

A neuf heures du matin, il commençait sa promenade sur le boulevard du Temple ou sous les arcades de la place des Vosges, pour méditer sur sa découverte ; à onze heures, il rentrait chez lui, où sa femme lui servait un déjeuner frugal.

Il continuait ensuite sa promenade jusqu'à six heures, toujours dans l'intention de découvrir quelque secret scientifique.

Après dîner, il ne sortait pas.

Il consacrait sa soirée aux deux femmes recluses, et

leur lisait des livres moraux, comme *Télémaque*, *Paul et Virginie*, ou les *Martyrs*. Un chapitre de la Bible terminait toujours ces instructives et paternelles leçons.

Adrienne venait d'atteindre sa dix-huitième année ; sa figure n'avait rien de remarquable ; ses yeux étaient mornes et presque éteints par la mélancolie de la réclusion ; son teint dépérissait sous une teinte livide que donne l'air d'un sixième étage, quand on ne respire que celui-là ; son corps maigre et trop fluet révélait une longue abstinence soufferte, un carême de douze mois, et des repas mortellement frugeaux.

Madame Chenevier, qui passait en 1836 pour une des plus belles femmes de Paris, ne conservait en 1851 que les débris très-ravagés de sa splendeur première, et ne se reconnaissait plus devant un miroir.

Cette famille ainsi dévastée avait donc un besoin urgent de descendre de ses hauteurs domiciliaires, et d'augmenter ses pauvres revenus par la découverte de quelque brevet d'invention, poursuivi depuis quinze ans par M. Chenevier, dans le désert de l'inconnu.

Un soir, selon l'usage de la veillée, M. Chenevier lisait une page de la Bible, dans laquelle on trouve ce passage :

*Nemrod fut un grand chasseur devant le Seigneur.*

Adrienne arrêta son père pour lui demander l'explication de cette phrase.

M. Chenevier réfléchit quelque temps et dit :

— Mais, en effet, il me semble que cette phrase a besoin d'explication.

— Voilà pourquoi je la demande, remarqua la jeune fille.

—*Un grand chasseur devant le Seigneur*, dit M. Chenevier, et il regarda le plafond de son sixième étage.

— Pourquoi fut-il *un grand chasseur devant le Seigneur?* dit Adrienne; est-ce que tous les chasseurs, grands ou petits, peuvent se dérober, quand ils chassent, au regard de Dieu qui voit tout?

— C'est juste, remarqua M. Chenevier; j'ai lu vingt fois cette phrase, et je n'ai jamais songé à m'en demander l'explication... *un grand chasseur devant le Seigneur*...

Cette phrase devait avoir une grande influence sur les destinées de la famille Chenevier.

Admirez les ressources du hasard et l'histoire du bonze de Gengis-Khan!

Le lendemain, mademoiselle Adrienne, après avoir embrassé son père, lui demanda des nouvelles de Nemrod.

— J'y ai pensé toute la nuit, dit le petit rentier, mais je n'ai rien trouvé de raisonnable. Écoute, ma bonne Adrienne : il me semble que dans notre position, nous avons déjà assez de soucis, et nous ne devrions pas nous charger encore de Nemrod.

Adrienne ne trouva pas cette raison bonne, et donna des signes évidents d'impatience et de mauvaise humeur.

M. Chenevier, qui était bon père, fit cette réflexion mentale : « Pauvre fille ! à son âge, elle n'a ni distractions, ni plaisirs, ni toilette ; je ne l'ai jamais conduite une seule fois au café Turc et aux Funambules, où vont tous les gens riches du quartier. Eh bien ! maintenant, puisqu'elle veut se distraire économiquement avec ce grand chasseur de Nemrod, pourquoi ne ferais-je pas tous mes efforts afin de la contenter ? »

M. Chenevier se mit donc en devoir d'obtenir une solution sur Nemrod ; il s'adressa d'adord à un savant, domicilié rue Boucherat, avec une pension de quinze cents livres sur le ministère de l'intérieur.

Le savant balança longtemps une prise de tabac entre ses deux doigts, et répondit avec lenteur :

— C'est une locution biblique, et une de ces redondances familières au style oriental ; nous appelons cela, en langage humaniste, *per congeriem verborum*.

M. Chenevier communiqua cette explication à sa fille, qui dit :

— Ce savant est un imbécile; son explication n'explique rien. La Bible ne hasarde pas un seul mot désœuvré; il y a toujours un sens mystérieux dans une phrase biblique, et voilà ce qu'il faut découvrir pour Nemrod ou Nembrod.

— En attendant, remarqua le père, je néglige des découvertes plus importantes, et ce ne sera pas Nemrod qui te donnera une robe de soie, une loge aux Funambules ou une glace à la vanille au café Turc.

Ces dernières paroles firent jaillir les éclairs d'une convoitise innocente des yeux d'Adrienne; elle tourna sur ses talons, s'assit devant l'unique croisée de sa mansarde borgne, et se remit au travail.

— Pauvre enfant! pensa le père, ne négligeons pas mes découvertes, mais aussi n'abandonnons pas Nemrod. Comme elle serait heureuse si je lui apportais un jour une explication satisfaisante sur ce grand chasseur !

Le hasard encore, ce conducteur aveugle si clairvoyant, vint au secours de M. Chenevier.

Un jour, en fermant sa porte, il vit passer dans la rue Nazareth un rabbin qui se rendait à la synagogue et qui était son voisin.

C'est peut-être l'homme qu'il me faut pour Nemrod, pensa-t-il, et il aborda le savant hébreu.

Dans le cours de l'entretien, Chenevier s'empara d'une transition habile et arriva au grand chasseur.

— Je verserais volontiers, dit-il, toute la monnaie que j'ai sur moi au tronc de la synagogue, si je pouvais être fixé sur Nemrod.

— Les pauvres acceptent tout, dit le rabbin, voulez-vous me suivre, mon cher voisin ?

Chenevier suivit le rabbin à la synagogue ; ils entrèrent dans une espèce de sacristie contiguë au temple.

Chenevier fut invité à s'asseoir ; et le savant hébreu ouvrit un livre, et chercha quelque temps un chapitre.

— Le voilà, dit-il, mon cher voisin : ce livre est le Talmud, traduit en français. Voulez-vous bien lire l'histoire de Nemrod ? Les passages obscurs de la Bible sont toujours expliqués par le Talmud. J'espère que vous serez content.

M. Chenevier prit le livre et lut.

L'histoire de Nemrod est, sans contredit, la plus belle chose du Talmud.

Nous ne pouvons la transcrire, à cause de sa longueur ; il nous suffira d'en donner le sens et l'esprit. Nemrod fut le type le plus exagéré de l'orgueil humain. Un jour, dans son délire, il déclara la guerre à Dieu.

« Je suis, dit-il, le plus grand et le plus habile chasseur de mon empire, et le roi du ciel connaîtra lui-même la pointe de mes flèches. »

Cela dit, il fit construire une machine légère, en forme de cage, s'y plaça, en tenant son carquois et son arc, et se fit élever vers le ciel par un aigle lié par une corde et attiré dans les airs supérieurs au moyen d'un appât de viandes suspendues au-dessus de son bec.

Parvenu à l'azur du firmament, Nemrod poussa trois cris d'insulte à Dieu, et décocha toutes ses flèches.

Le lendemain, ceux qui passaient au bord de l'Euphrate virent les deux cadavres de Nemrod et de l'aigle foudroyés, et tout auprès une flèche dont la pointe était teinte de sang.

M. Chenevier fut vain de cette explication si complète, et emprunta, pour quelques heures, le Talmud au rabbin, qui le prêta généreusement.

Adrienne prit bientôt connaissance de la même histoire, et s'en déclara satisfaite au dernier point.

Alors, commença sur Nemrod un entretien que rien ne semblait devoir tarir, dans les veillées de la famille.

Adrienne trouvait cette fable bien supérieure à celle des Titans; et comme elle avait reçu quelques principes de dessin, elle dessina un soir l'ascension de Nemrod, avec tous ses accessoires décrits par le Talmud.

Le père suivait de l'œil le travail de sa fille, lorsqu'un cri de joie sortit de sa poitrine, et la table fut ébranlée sur ses quatre pieds.

Adrienne tressaillit, comme de peur, et regarda son père d'un œil ébahi.

Le grave M. Chenevier se livrait à toutes sortes d'extravagances, et sa femme fut saisie d'une alarme vive à l'idée qu'il était devenu subitement fou.

— Enfin, je la tiens! s'écria le petit rentier; je la tiens! il y a un million au bout!

Les deux femmes s'étaient levées, et elles interrogeaient M. Chenevier par un silence très-expressif.

— Au nom du ciel! n'en parlez à personne! à personne! c'est un secret entre nous, disait M. Chenevier; bouche close! on nous volerait un million! Mes chères amies, soyez discrètes jusqu'au bout.

On dit que les femmes divulgent les secrets ; ne soyez pas femmes, je vous en conjure; ne soyez pas hommes, aussi : ils parlent plus que les femmes.

Soyez tout ce que voudrez, mais ne soufflez pas un mot sur tout ceci.

— Mais il me semble, dit Adrienne, que nous serions fort embarrassées d'en parler, nous ne savons rien.

— C'est une erreur, répliqua le père; vous en savez trop; vous savez tout.

Et il déchira le dessin de Nemrod avant le dernier coup de crayon.

— Mes bonnes amies, dit-il ensuite, c'est ainsi que toutes les grandes découvertes arrivent au monde. Il n'y a qu'à chercher au hasard. Je viens de résoudre le grand problème de la direction des aérostats, dont on s'occupe tant aujourd'hui. Maintenant, je veux conduire un aérostat aux Indes, au Brésil, à Pékin, comme on conduit un cabriolet; pas plus difficile que cela! J'exposerai mon aérostat à Londres, en avril prochain, et je gagnerai le prix d'un million. C'est comme si je le tenais!

Adrienne et sa mère avaient, contre les usages domestiques, une grande confiance dans le mérite de M. Chenevier, qui avait exercé la profession de mécanicien, rue Mandar.

Elles ne doutèrent pas un instant de la réussite et du million, et pour la première fois l'indigente mansarde vit ses trois locataires se livrer aux épanchements les plus joyeux.

— Vraiment, dit M. Chenevier, nous ne saurions trop remercier Nemrod! Sans lui nous aurions vécu dans la misère jusqu'à la mort.

— Et je n'aurais jamais porté de robe de soie, interrompit Adrienne; mais, cher père, nous vous dirons, maman et moi, que nous ne comprenons pas bien encore comment Nemrod vient de nous donner un million et des robes de soie.

— C'est la chose la plus simple du monde, dit Chenevier ; la plus simple, comme la découverte de l'Amérique, de la vaccine, de la poudre, du télescope, de la boussole, de tout ce qui a été découvert. Enfin ! voici ! mes bonnes amies, vous allez tout de suite comprendre cela, comme bonjour. On prend un aérostat d'abord... bien !.. puis on lie à la nacelle une certaine quantité d'oiseaux voyageurs, des grues, par exemple, et devant elles, à l'extrémité d'une perche ou d'un timon léger, on suspend des viandes fraîches, d'après le procédé de Nemrod. Ce timon fonctionne sur pivot, l'aéronaute le dirige à sa volonté, et les oiseaux voyageurs volent toujours vers le point où flotte leur nourriture, et entraînent l'aérostat toujours dans la bonne direction.

— C'est superbe, dit Adrienne ; mais il faut toujours que les oiseaux de l'aérostat soient affamés.

— Rien de plus simple encore, mon enfant, on ne leur donne rien à manger.

— C'est facile, dit la mère.

— Oh ! poursuivit M. Chenevier, j'ai le génie des inventions, moi, et quand une découverte éclate dans mon cerveau, je vois tout d'un coup d'œil, j'embrasse tout. Il est impossible de faire la moindre objection à mon aérostat. Cela marche comme sur des roulettes.

La nuit qui suivit cet entretien fut la mille et deuxième nuit des contes arabes pour l'imagination et les beaux rêves d'Adrienne.

Enfin, la fortune se présentait à la porte de cette mansarde en descendant du ciel, avec les ailes d'un aérostat.

M. Chenevier était infaillible ; et quelle jeune fille, d'ailleurs, doute de la parole de son père, quand il lui promet les richesses et le bonheur ?

M. Chenevier également ne doutait pas de lui, et cette confiance personnelle lui fit commettre une faute très-grave ; il aliéna la moitié de son modique revenu pour avoir de l'argent comptant.

— Cet argent m'est indispensable, disait-il aux deux femmes. Je sème pour recueillir ; vous allez m'approuver tout de suite, mes bonnes amies. J'ai d'abord de fortes dépenses à faire pour établir le modèle de mon aérostat, et pour notre voyage à Londres, Ensuite, je connais les Anglais ; si nous paraissons chez eux, vêtus et logés trop modestement ; si nous menons, enfin, en Angleterre notre vie indigente de la rue Nazareth, nous compromettons cette grande affaire de l'aérostat ; elle est perdue à tout jamais. Les Anglais n'ont aucune confiance dans les étrangers pauvres, et ils n'ont pas tort. Un étranger doit toujours être riche, sous peine d'être suspect. Il faut dont éblouir pour réussir ; nous éblouirons.

Tout fut prêt à l'époque du 20 mars.

La famille Chenevier quitta sa mansarde, sans faire aucun éclat aux yeux des voisins ; mais à Calais les malles secrètes furent ouvertes, et les robes de soie s'étalèrent au grand jour.

M. Chenevier ressemblait à un riche industriel en costume de bal; sa femme et sa fille étaient méconnaissables; Adrienne surtout, avec son joli chapeau de velours bleu, garni intérieurement de petites fleurs printanières, et avec sa première robe de soie, pudiquement indiscrète sur le corsage, Adrienne ressemblait à la fille d'un banquier de la Chaussée-d'Antin.

La toilette métamorphose les femmes. Il y avait en ce moment deux Adrienne : la première était assez convenablement placée dans une mansarde; la seconde était digne d'embellir un palais.

Il est vrai de dire aussi que la joie, cette fête de l'âme, et la bonne chère, cette fête du corps, avaient également contribué à la métamorphose.

Les plats aristocratiques et les vins exquis paraissaient enfin sur la table particulière de l'hôtel de Quillac, où M. Chenevier était descendu à Calais, où il passa quatre jours pour régler quelques difficultés de douane, et faire arrêter d'avance, par un domestique sérieux, un appartement confortable à Londres, dans le voisinage du Strand.

## II

#### A LONDRE

Le détroit de Calais, toujours très-orageux à l'équinoxe, ne se laissa franchir par le paquebot de M. Chenevier qu'après des violences de mer qui durèrent cinq heures.

Adrienne retira encore un très-grand bénéfice de cette traversée si pénible ; elle eut le bonheur de subir la révolution du mal de mer dans les premiers jours du printemps ; en arrivant à Londres, le teint de la jeune fille s'était admirablement éclairci, et son père, qui avait des réminiscences classiques, la comparait à Pomone et à Hébé.

A Londres, la famille s'installa au premier étage d'une jolie maison, dans *Agar-Street*, loué cinq livres par semaines ; ce qui, d'abord, donna une haute idée de la position sociale de M. Chenevier.

On prit un nouveau domestique, un jeune valet de pied indigène, décoré d'un gilet rouge si vaste qu'on ne voyait que le gilet.

On appela deux professeurs pour Adrienne, l'un d'anglais, l'autre de *haute vie, (hig life)*. On garnit la cave de *Porto*, de *Sherry*, de *Claret*, de *Porter* Barclay-Perkins.

M. Chenevier ne négligea rien, comme on voit, pour être un homme respectable et mériter le titre de *gentleman*.

Madame Chenevier, prudente mère de famille, poussait de temps en temps quelques soupirs très-intelligibles, et soudainement réfutés par la logique du mari :

— Ma bonne amie, lui disait-il alors, ne t'inquiète de rien ; je devine ta pensée ; elle est injuste.

Me crois-tu assez fou pour dévorer ainsi mon petit capital de pauvre rentier, sans avoir la certitude de réussir ? Je suis comme le pêcheur qui met un ver au bout de son hameçon pour prendre une carpe.

Nous aurons la carpe dans quinze jours. Sacrifions le ver aujourd'hui.

Le modèle de l'aérostat construit dans de belles proportions, fut suspendu dans une salle bien éclairée.

M. Chenevier avait déployé dans le travail un véritable talent de mécanicien et de tailleur de baudruche.

La nacelle était un petit chef-d'œuvre ; on y comptait dix places de voyageurs.

Le timon, ou *perche d'appât*, avait la légèreté de mouvement conforme à sa destination.

Douze pigeons empaillés, et soutenus par des fils d'archal, figuraient les grues voyageuses ou d'autres oiseaux d'émigration.

Chenevier, souriant à sa découverte, disait toujours :

« Quel effet cela va produire dans Londres ! »

Sa femme regardait le ciel et hasardait un soupir.

L'étude de la langue anglaise absorbait Adrienne ; ses progrès étonnaient son professeur.

A la troisième leçon, la jeune élève savait par cœur tous les dialogues de la grammaire, et prononçait le *th* comme la fille d'un lord.

Tout étant prêt, M. Chenevier écrivit deux lettres : l'une à un membre du jury de l'Exposition, l'autre à un savant de la Société royale, pour les prier de venir voir son aérostat et demander une patente d'invention.

Le savant arriva le premier et fut reçu par la famille comme un prince du sang.

Adrienne, ce jour-là, portait une robe parisienne, qui, pour la première fois, rendait justice à l'élégance nconnue de sa taille et de son corps.

Ses cheveux d'ébène luisant, qu'un plat bonnet de percale avait si longtemps retenus captifs se déroulaient, avec une poulence anglaise, sur des épaules superbes ; la vie éclatait dans ses yeux noirs et dans les fraîches couleurs de son visage; de plus, Adrienne avait, dans son maintien et sa démarche, cette distinction suprême que les jeunes femmes du rang le plus modeste, prennent si vite quand elles arrivent à la richesse et au bonheur.

M. Chenevier présenta sa femme et sa fille au savant et l'introduisit dans la salle de l'aérostat.

Le savant fit fonctionner son lorgnon autour de la machine, pendant que M. Chenevier donnait les explications nécessaires avec une grande lucidité.

Madame Chenevier et Adrienne se tenaient debout et admiraient le savant.

Après un examen long et minutieux, qui attestait une grande conscience ou une mauvaise vue, le savant fit tournoyer son lorgnon autour de ses doigts, et, montrant la machine d'un geste assez dédaigneux, il dit à l'inventeur :

— C'est vous, monsieur, qui avez fait cette chose?

M. Chenevier s'inclina avec modestie.

— Et pourquoi? ajouta le savant.

Ce *pourquoi*, tiré à brûle-pourpoint sur la poitrine de M. Chenevier, le fit tressaillir.

— Mais, répondit-il, ainsi que j'ai eu l'honneur de vous le dire, nous sommes dans un moment où les esprits se portent avec fureur sur la direction des aérostats... et je crois avoir trouvé le...

— Avec ceci ! interrompit le savant ; mais votre invention n'est pas sérieuse, ou, pour mieux dire, n'est pas nouvelle : elle est vieille d'un demi-siècle déjà, comme toute invention d'ailleurs, comme celles que nous brevèterons demain. Venez chez moi, monsieur... j'ai oublié votre nom.

— De Chenevier.

— Venez chez moi, monsieur de Chenevier, et je vous montrerai un paravant chinois acheté à *Hog-Lane,* quartier européen de Canton, et vous verrez là votre découverte : seulement, au lieu de vos grues il y a des *lut-tzées ;* ce sont des oiseaux aquatiques chinois dont les pêcheurs se servent pour prendre des poissons dans le lac.

— Est-ce possible ? s'écria Chenevier, en élevant ses mains jointes au-dessus du front.

— Oui, monsieur, poursuivit le savant ; c'est ainsi qu'on prend les poissons sur le *Peï-Ho.*

— Oh ! cela m'est bien égal, les poissons ! dit plaintivement Chenevier ; je voulais parler de votre paravent chinois.

— Mais, monsieur de Chenevier, ce n'est rien encore ; je tiens à votre disposition un dessin gravé à Oxford, et représentant votre machine, avec une perche d'appât et un attelage de cent ramiers indiens, et gris. Où diable irez-vous chercher vos grues, vous ? Est-ce qu'on prend les grues au miroir comme les alouettes ?

Vous voyez bien que, sous tous les points de vue, votre invention n'a rien inventé.

M. Chenevier, confondu par le ton leste du savant, tenait ses yeux baissés, de peur de rencontrer ceux de sa femme.

Adrienne, dont la coquetterie commençait à poindre, se promenait dans la salle de l'aérostat, en agitant la bordure de sa belle robe, pour attirer un regard du savant et le rendre propice à la découverte paternelle; mais le savant était inaccessible, par la gravité de ses mœurs, à ce genre efféminé de séduction.

Ce tableau d'intérieur était d'une tristesse singulière.

L'aérostat, si pompeux le matin encore, paraissait une chose grotesque même aux regards de son inventeur.

Il restait à M. Chenevier une bien faible consolation, celle de s'assurer, par ses propres yeux, de l'existence du paravent chinois et du dessin d'Oxford.

Le savant montra une rare complaisance envers un homme qui paraissait douter ; il fit monter le malheureux inventeur dans sa voiture, le conduisit chez lui à *Regent-Circus,* et lui exhiba les découvertes des aérostats dirigés.

M. Chenevier s'inclina comme un Mohican vaincu, et remercia le savant par un geste de résignation.

— Heureusement, lui dit le savant, vous êtes un gentilhomme riche ; mais un pauvre diable, à votre place, serait fort à plaindre ; il ne trouverait que le fond de la Tamise pour se consoler.

Un profond soupir fut la réponse de l'inventeur parisien ; il prit congé du savant, et rentra chez lui en maudissant Nemrod, les rabbins, les grues et Montgolfier.

Madame Chenevier et sa fille avaient, pendant son absence, reçu la visite de M. Dodges, examinateur attaché à l'Exposition du Palais de Cristal. C'était un jeune homme de trente-deux ans, d'une figure distinguée et d'une politesse froide, mais sympathique.

M. Dodges examinait l'aérostat lorsque l'inventeur entra, et il fut regardé par M. Chenevier comme une sorte de cour d'appel qui pouvait casser la décision du savant.

— J'ai reçu votre lettre, dit M. Dodges, et il était de mon devoir de venir examiner votre travail.... Vous comptiez donc, monsieur de Chenevier, exposer ce modèle d'aérostat ?

— Mais oui, monsieur, bégaya le rentier : c'était et c'est toujours mon intention.

— Monsieur de Chenevier, voulez-vous recevoir un bon conseil ?

— Oui, monsieur Dodges.

— Remettez tout cela dans la caisse et n'exposez

rien. Vous seriez la fable de Londres, et vous rapporteriez encore en France le ridicule que vous auriez recueilli chez nous.

— Mon Dieu! mon Dieu! dit Chenevier en se frappant le front, est-il possible que nous nous soyons trompés tous les trois?

— Moi, je ne me suis jamais trompée, murmura madame Chenevier.

— Au reste, ajouta M. Dodges, c'est un petit malheur. L'essentiel est de ne pas *exposer* cette bouffonnerie de baudruche; le malheur deviendrait alors très-grand... N'auriez-vous pas, monsieur, par hasard, en réserve quelque chose plus convenablement exposable? Je me ferais un devoir et un plaisir de vous en faciliter l'exhibition.

— Hélas! non, répondit M. Chenevier, toujours abattu.

— Passerez-vous encore quelque temps à Londres? demanda M. Dodges.

— Oh! je voudrais être déjà à cent pieds sous terre! murmura l'inventeur parisien.

— Monsieur, dit madame Chenevier, aucun intérêt ne nous retenant plus à Londres, nous partirons pour Paris demain soir.

— Sitôt? remarqua M. Dodges.

— Oui, monsieur, poursuivit la femme, demain soir.

Et, ayant écouté quelques mots prononcés à son oreille par sa fille, elle ajouta :

— Avant de partir, ne pourrions-nous pas recevoir un grand service de vous, monsieur, qui êtes si obligeant ?

— Quel service, madame ?

— Ne pourriez-vous pas nous montrer le Palais de l'Exposition ?

— Ah ! madame, ce sera une chose bien difficile, répondit M. Dodges, en réfléchissant, mais ce n'est pas impossible, à sept heures du matin. L'heure, comme vous voyez, n'est pas très-convenable, et je n'ose vous la proposer.

— C'est notre heure, dit madame Chenevier, je l'aurais choisie. Ma fille et moi nous sommes toujours levées avant le soleil.

— Eh bien ! madame, demain matin, à sept heures, je serai à votre porte.

Et M. Dodges fit un salut froid, et sortit.

— Je sors avec vous, dit M. Chenevier d'un ton étrange en ouvrant la porte avec précipitation.

Il embrassa tendrement sa femme et sa fille, et accompagna M. Dodges jusqu'au Strand, en descendant *Agar-street*.

M. Chenevier remonta le Strand et prit à droite la petite rue qui conduit à *Waterloobridge*.

Sa résolution était bien prise ; il voulait suivre le conseil du savant.

Ruine par sa fatale invention, et en proie au délire du désespoir, M. Chenevier aborda résolument le pont cyclopéen jeté sur la Tamise, comme une ressource pour le suicide ; et, trouvant le parapet très-élevé, il attendit d'être seul pour monter sur la rampe et se précipiter sans obstacle dans la grande rivière anglaise.

Il est très-difficile, même la nuit, de se trouver seul sur les ponts de Londres : il y a beaucoup de passants et de philanthropes qui empêchent les gens de grimper sur la rampe et de se noyer.

Cela donna le temps à M. Chenevier de réfléchir, de regarder le dôme de Saint-Paul et la magnifique façade riveraine de *Somerset-house*.

Le sang se calma, la raison succéda au délire.

M. Chenevier donna une bonne pensée à sa femme et à sa fille : des larmes roulèrent sur ses joues.

Quand on pleure, on ne se tue pas.

Le suicide a un œil sec.

Les passants étaient plus nombreux que de coutume, par une attention de la providence.

M. Chenevier courut au *Strand*, comme un homme qui fuit un péril de mort, et, en quelques minutes, il se trouvait dans son appartement d'*Agar-street*.

Comme il fallait que sa colère s'exerçât contre quelque chose, M. Chenevier déchira son aérostat en mille pièces, en assaisonnant ce travail de destruction d'un flot d'anathèmes contre Nemrod et contre les Chinois, ces éternels plagiaires des inventeurs futurs.

Puis, appelant sa femme et sa fille Andrienne, il leur dit :

— Mes bonnes amies, il me reste encore neuf cent quarante-trois francs de rente : consentez-vous à vivre avec si peu ?

Les deux femmes firent un geste joyeux d'adhésion.

— Eh bien ! vous me sauvez la vie, dit Chenevier en les embrassant. Seulement, il faudra renoncer aux robes de soie, à la loge des Funambules et aux glaces du Café Turc.

— Nous renoncerons à tout ! dirent les deux femmes en duo.

— Et nous partons demain pour Paris, ajouta Chenevier.

— C'est décidé ! répondit sa femme.

— Je ferai ma dernière belle toilette demain matin, à sept heures, ajouta Adrienne en riant.

— Voilà pourtant où nous a conduits ton Nemrod ! dit le père, en déchirant le dernier fragment de baudruche de son aérostat.

— Eh ! plus de reproches ! dit la femme ; et qu'il ne soit plus question de Nemrod.

On fit les préparatifs de départ pour Paris.

M. Chenevier attendit la nuit pour jeter par la fenêtre l'attelage des pigeons empaillés qui furent recueillis par des policemen silencieux.

Le lendemain, à six heures et demie, Adrienne consultait son miroir sur sa dernière toilette de dentelles et de soie.

Le miroir répondit par des éloges qui s'étendirent aussi à la beauté, à la grâce, à la tournure de la jeune demoiselle.

Adrienne éprouva le bonheur de se trouver aussi belle que Virginie, Eucharis et Cymodocée, les trois héroïnes de ses romans. Sa mère lui dit :

— A ton âge je te ressemblais; en te voyant aujourd'hui, je crois revoir, dans un miroir, mes dix-sept ans.

# III

VISITE A L'EXPOSITION

A l'heure exacte, une élégante calèche, enlevée par deux chevaux gris, traversa au vol *King-William-street*, et s'arrêta bruyamment devant la porte de M. Chenevier. M. Dodges arrivait.

Le jeune Anglais offrit son bras à madame Chenevier.

Adrienne prit le bras de son père; la voiture se rendit au palais de la Grande-Exhibition.

M. Dodges, qui avait des intelligences dans la place, se fit ouvrir une porte dérobée, et introduisit clandestinement la famille Chenevier dans le Palais de Cristal.

Après une visite assez longue et dans laquelle M. Dodges montra une rare complaisance, Adrienne eut la fantaisie de se placer sur une estrade de velours nacarat, pour admirer, dans son ensemble, la grande galerie.

Ainsi posée, avec l'attitude immobile de la curiosité, Adrienne ressemblait à une merveilleuse statue ajoutée aux chefs-d'œuvre de l'Exhibition.

Ce fut M. Dodges qui trouva cette comparaison, et en fit un hommage flatteur à madame Chenevier.

A neuf heures, M. Dodges offrit à la famille de la reconduire à *Agar-street,* et, chemin faisant, M. Dogges, qui paraissait fort soucieux, dérida son front tout-à-coup, comme un homme qui a trouvé une idée sereine, et dit à M. Chenevier :

— M. de Chenevier, la visite que nous venons de faire m'a inspiré des réflexions nouvelles, et bien différentes de mes idées d'hier... avez-vous fixé votre départ pour Paris?

— Oui, monsieur Dodges, répondit Chenevier, nous quitterons Londres ce soir.

— Après avoir séjourné à Londres?

— A *fortnight,* interrompit Adrienne.

— Ah! dit M. Dogdes, mademoiselle Adrienne vient de se servir d'une expression qui annonce une grande habitude de la langue anglaise.

Adrienne baissa les yeux et une rougeur charmante couvrit ses joues d'Hébé.

— Oh! celle-là, dit M. Chenevier, elle apprend tout ce qu'elle veut... demain, en rentrant à Paris, je veux qu'elle reprenne tout de suite ses leçons d'anglais.

— Demain! demain! dit M. Dodges, il vous tarde donc bien d'être à Paris?

— Eh! mon Dieu! dit M. Chenevier, qu'avons-nous à faire à Londres?

— Vous avez donc renoncé, monsieur de Chenevier, à exposer votre aérostat?

— Mais, dit M. Chenevier, avec un mouvement convulsif, il me semble que c'est vous, monsieur Dodges, qui...

— Eh bien, oui, interrompit l'Anglais; mais j'ai changé mes idées depuis hier; votre aérostat mérite les honneurs de l'Exhibition; et je vous affirme qu'il sera exposé, et je ferai un rapport très-favorable sur votre admirable découverte.

La bouche de M. Chenevier s'ouvrit démesurément et ne se ferma pas; ses yeux fixes regardaient M. Dodges, lequel continua ainsi :

— J'ai causé longuement hier soir avec M. Warburton, le premier mécanicien de Londres, et cet homme de génie n'a pas peu contribué à me rallier à votre système de direction aérienne. Oui je sais qu'on a trouvé quelque chose dans ce genre chez les Chinois et même chez nous; mais votre perfectionnement vaut une invention. L'opinion publique se prononcera en votre faveur, monsieur de Chenevier, j'ose vous le prédire, et vous aurez la prime d'un million, et peut-être quelque chose de mieux : un million est toujours bon à manger, même par un millionnaire comme vous.

Sur cette dernière phrase, la voiture s'arrêta devant

la maison de M. Chenevier, et M. Dodges, serrant la main de l'inventeur ébahi, lui dit :

— Permettez-moi, mon cher monsieur de Chenevier, de vous rendre quelques visites et nous mènerons cette affaire à bien.

A tout hasard, M. Chenevier rendit affectueusement ces serrements de main à l'anglaise, et, après le départ de M. Dodges, il regarda fixement sa femme, et, croisant les bras sur sa poitrine, il exhala son chagrin en apostrophant Adrienne :

— Pourquoi, aussi, ma chère fille, ne me donnes-tu pas un conseil?

— Mais je vous en donnerai un très-bon, puisque vous me le demandez.

— Voyons, donne.

— Mon père, il faut rester à Londres.

— Avec neufs cents francs de rente! Y songes-tu?

— Je donnerai des leçons de français quand je saurai bien l'anglais.

— Oh! c'est ce que je ne souffrirai jamais, ma fille! Une enfant de dix-sept ans maîtresse de langues! Allons donc!

— Mon père, vous m'avez demandé un conseil, je vous l'ai donné.

— Tu n'en as pas d'autre dans ton imagination?

— Non, mon père.

— Il paraît que tu as du goût pour l'Angleterre.

— Mais, oui, bon père; j'aime Londres!

— Tais-toi, petite! Londres! une ville qui n'a pas de boulevards!

— C'est vrai.

— Pas de place des Vosges!

— C'est encore vrai.

— Pas de Romainville!

— Oui, mais il y a Londres; c'est assez.

— Mais, ma fille, comment t'est-il arrivé subitement cet enthousiasme pour Londres?

— Ce matin, mon père, en me promenant en calèche découverte, comme une grande dame. Paris ne m'a jamais donné ce bonheur, avec sa places des Vosges et ses boulevards.

— Ah! les hommes ne devinent jamais rien, murmura madame Chenevier à voix basse.

M. Chenevier se promenait avec une agitation fébrile, et ne songeait point à deviner les énigmes de sa fille Adrienne.

Se ravisant tout-à-coup, il fendit l'air avec son poing, et dit:

— Eh bien, je me donnerai à moi-même le meilleur des conseils. Oui, je vais me remettre à l'œuvre, je travaillerai nuit et jour, et je rebâtirai mon aérostat, dans les délais.

Commençons.

La résolution prise, M. Chenevier sortit pour acheter les matériaux du nouvel aérostat, et le jour même il se remit courageusement au travail.

Adrienne, de son côté, continua ses études de langue anglaise, avec une obstination énergique, à la fenêtre qui s'ouvrait sur *Agar-street*, espérant toujours voir apparaître les chevaux gris d'une calèche à l'angle de *King-William*.

Il eut deux grands jours d'attente.

M. Chenevier ne quittait pas son atelier d'aérostat; Adrienne n'avait pas quitté la grammaire et la vitre, une volée de coups de marteau retentit à la porte : ce fracas de cuivre annonçait une visite de distinction.

En effet, on annonça M. Dodges, mais sans calèche.

M. Chenevier quitta ses outils pour recevoir M. Dodge au salon, et Adrienne abandonna sa grammaire et la vitre, pour compléter une étude de coiffure devant son miroir.

M. Dodges fit une visite fort courte, une visite de simple politesse.

Il fut charmant auprès de madame Chenevier, ne donna qu'un seul regard à la belle Adrienne, et n'adressa qu'une seule question à M. Chenevier, celle-ci :

— Eh bien ! monsieur de Chenevier, quand nous envoyez-vous votre chef-d'œuvre ? Il n'y a pas de temps à perdre.

— J'ai tous les jours, répondit l'inventeur, quelques petites améliorations à donner à mon travail pour le rendre plus digne d'une exhibition aussi solennelle.

M. Dodges s'entretint ensuite avec madame Chenevier sur les agréments relatifs de Paris et de Londres, et prit congé de la famille en y laissant une excellente opinion de lui-même.

Madame Chenevier surtout ne parla qu'avec enthousiasme du jeune Anglais.

Le mari courut se remettre au travail avec un zèle nouveau, en disant à sa femme.

— Si j'avais la fortune de M. Dodges et ses équipages, je me promènerais tout le jour dans Londres, et je briserais tous mes outils de mécanicien. Ah ! mon Dieu ! j'ai le frisson en songant qu'il ne me reste plus en portefeuille que deux billets de quatre livres ! il faudra tout mettre en gage un de ces matins. Ce pays est ruineux !

M. Dodges rendit le lendemain une nouvelle visite qui parut très-significative à l'intelligence de madame Chenevier.

Cependant le jeune Anglais ne sortit pas des banalités de la conversation ordinaire, et ne fit rien soupçonner des projets qu'il pouvait avoir.

Le lendemain, un homme de l'extérieur le plus respectable fut présenté à la famille par M. Dodges, avec ces trois mots :

— C'est mon père.

Cette fois il s'agissait d'un entretien particulier, auquel mademoiselle Adrienne ne devait prendre aucune part.

Madame Chenevier devina tout de suite le mystère ; mais le mari ouvrit de grands yeux et ne devina rien.

M. Dodges père ne prit aucun détour ; il attaqua résolument la grande question objet spécial de sa visite, et demanda en mariage la belle Adrienne pour son fils.

M. Chenevier bondit de joie et consentit avec une précipitation fort naturelle et fort excusable ; mais sa femme, qui était préparée à la demande, modéra l'explosion d'allégresse de son mari, en faisant observer qu'il était du devoir de bons parents de consulter la principale intéressée avant toute conclusion.

Elle se leva et demanda un quart d'heure pour négocier sans témoins.

L'intelligente Adrienne avait préparé sa réponse depuis longtemps ; une réponse muette, mais pleine de sourires très-expressifs et entremêlée de caresses filiales.

— Viens donc, lui dit madame Chenevier en l'embrassant, je vais te présenter à ton beau-père futur.

La scène qui suivit fut très-touchante, comme toutes les scènes de famille, au lever des lunes de miel.

Adrienne était encore plus belle que de coutume ;

son visage resplendissait de la céleste irradiation du bonheur.

Il fut convenu que la nouvelle semaine serait consacrée aux préparatifs de ce mariage improvisé.

Après le départ de MM. Dodges, Chenevier se livra aux démonstrations d'une joie folle; il embrassa son Adrienne, sa libératrice; il réhabilita Nemrod, et s'écria :

— Maintenant, je puis briser mes outils de mécanicien; je redeviens oisif comme un gentilhomme anglais.

Et dans son délire il mit en pièces une seconde fois son aérostat, en fit balayer les débris pour changer son atelier en grande salle de noce et de réception.

Ce jour même il vendit à la bourse de Londres les bons du trésor qui lui restaient, et composaient le solde modique de sa petite fortune; il acheta une calèche, deux chevaux, une parure de diamants pour sa femme, et les plus belles étoffes du magasin d'Everington, à *Ludgate-Hill*.

—Puisque nous devons tous vivre en famille avec notre gendre, disait Chenevier à sa femme, je n'ai plus besoin de rien, et nous devons lui faire voir que nous ne sommes pas des aventuriers français comme on en voit tant à Londres.

La corbeille de noces arriva le lendemain, et fut reçue par M. Chenevier, qui s'empressa de l'ouvrir pour jouir, le premier, des merveilles qu'elle contenait.

Sa stupéfaction fut grande : c'était une corbeille effrayante de modestie, et remarquable seulement par l'absence de tout ce qu'elle devait offrir à l'œil avide d'une jeune mariée.

M. Chenevier eut beau chercher dans les coins les plus mystérieux, il n'y découvrit que quelques étoffes vulgaires, un petit rouleau de broderies et un châle boiteux de la manufacture de Dingle à Dublin.

Au bruit que firent les mains de Chenevier en se heurtant par-dessus le front, la mère et la fille arrivèrent, et un sourire ironique désigna l'indigente corbeille aux deux femmes.

— Comment trouvez-vous ce cadeau anglais ? demanda piteusement M. Chenevier.

Madame Chenevier regarda sa fille, et Adrienne, rayonnante de joie, s'empara du châle, et en le déployant, elle fit tomber une lettre que le père ramassa tout de suite :

— Ah! elle m'est adressée! dit-il en regardant l'adresse.

Adrienne faisait devant un miroir les exercices du châle, comme s'il fût arrivé de Cachemire par l'*India-mail*.

— Écoutez, écoutez, s'écria Chenevier d'une voix lamentable, voici le dernier coup! décidément, il y a un démon acharné contre moi! Oh! si je pouvais tenir Nemrod, là, une minute entre mes mains, je le mettrais en pièces!... Écoutez, ma femme et ma fille, écoutez.

Madame Chenevier et Adienne, pétrifiées par ce terrible début, tendirent leurs oreilles inquiètes à la lecture de la missive, et leurs cœurs battaient violemment.

— Voici, dit Chenevier; et il lut :

« Monsieur, — en présentant cette corbeille de
« noces à votre adorable fille, veuillez bien fermer
« ses beaux yeux sur l'indigence du don, et lui dire
« que la main est toujours pauvre quand le cœur est
« trop riche. Heureusement, mademoiselle Adrienne,
« habituée à vivre au sein de l'opulence, doit plus
« tenir aux dons venus du cœur, qu'aux dons tom-
« bés de la main. Que lui importent les diamants et
« les châles de l'Inde !

— Oh ! il a bien raison ! interrompit Adrienne.

— Que dis-tu-là! il a bien raison! s'écria le père, attends la fin; tu vas voir.

« ... les châles de l'Inde... Mon vieux père, ruiné
« par de fatales spéculations, et resté honnête
« homme, m'a toujours conseillé de m'allier à une
« famille opulente, pour me donner, à Londres, un
« nouveau crédit, qui, grâce à une merveilleuse direc-
« tion et à l'expérience acquise, nous rendra bientôt

« notre fortune perdue dans la crise industrielle de
« 1847. Vous voyez, monsieur de Chenevier, que je
« vous parle avec franchise, et que je vais vous faire
« connaître ma position véritable avant d'entrer, avec
« mon père, dans votre opulente maison. Vous aurez
« auprès de vous deux nouveaux parents, deux vrais
« amis, deux frères, qui vous entoureront de leur re-
« connaissance, et vous béniront à chaque instant du
« jour.

« Votre dévoué gendre,

« J. Dodges. »

« *P. S.* — Demain, quatre commissionnaires de
« l'Exhibition viendront prendre aux frais de la ville,
« votre magnifique aérostat que vous devriez nommer
« le *Nemrod ;* c'est une idée que je vous soumets. »

M. Chenevier déchira la lettre en vingt morceaux,
les foula aux pieds, et, croisant les bras sur sa poitrine, il dit en serrant les lèvres :

— Là, maintenant, je voudrais savoir si le dernier
homme qu'on a enfermé à Charenton avait plus de raison que moi de devenir fou ! A-t-on idée d'une fatalité
pareille !

— Mais, mon bon père, dit Adrienne, entre deux
tendres caresses, vous allez vous rendre malade ! tout
cela peut s'arranger.

— Et comment! et comment! cria Chenevier en déchirant le collet de son habit.

— Si M. Dodges est un honnête homme, il m'épousera toujours malgré ma pauvreté; si c'est un aventurier, il se retirera, et alors je me trouverai fort heureuse de ne l'avoir pas eu pour mari.

— Mais, enfant que tu es, dit Chenevier, ne nous annonce-t-il pas dans sa lettre, qu'il compte venir s'établir avec son père chez moi?

— Eh bien! dit madame Chenevier, nous lui exposerons franchement notre position, et après nous verrons ce qu'il fera.

— Et mon aérostat que j'ai encore mis en pièces! Et nos bons du trésor que j'ai vendus! s'écria Chenevier... Oh! si j'avais la Tamise, là, dans ce salon!

— Au nom du ciel! dit Adrienne, ne parlez pas ainsi! vous allez me faire pleurer.

— Mais, poursuivit le père, puis-je vivre un quart d'heure seulement avec le dôme de Saint-Paul qui m'écrase le front! je suis fou!

— Écrivons tout de suite à M. Dodges, dit madame Chenevier.

— Oui, écrivons..... écrivez..... Moi, je ne pourrai pas conduire une plume..... Il faut que j'ouvre la fenêtre pour prendre l'air.....

M. Chenevier ouvrit la fenêtre pour respirer librement, et vit au coin de *King-William-street* un jeune homme arrêté, qui avait quelque resssemblance avec M. Dodges.

— Il me semble bien que c'est le monsieur! dit-il en le désignant à sa fille.

— Oui, c'est bien lui! dit Adrienne au premier coup d'œil.

— Tiens! il nous salue! dit Chenevier.

— Et il s'approche! ajouta sa femme.

— Bon! dit Chenevier, il vient voir l'effet qu'a produit sa corbeille de noces; en voilà un qui est effronté!

La porte retentit d'une volée de coups de marteau; et bientôt après M. Dodges parut dans le salon, et, sans autre préambule, il dit:

— Je suivais mon cadeau de noces, car il me tarde de connaître la manière dont il a été reçu.

— Monsieur, dit madame Chenevier, si votre don eût été trop riche, il aurait déplu à ma fille.

— Ah! dit Dodges, ceci mérite explication.

— La voici, monsieur, continua la mère, franchise pour franchise. Nous ne sommes pas ce que nous paraissons être; nous sommes pauvres et très-pauvres. Vous voilà éclairé en deux mots.

Adrienne se laissa tomber sur un fauteuil, et on entendit un bruit de sanglots étouffés.

— Très-pauvres! très-pauvres! dit Chenevier comme l'écho de sa femme.

— En vérité ! dit M. Dodges, que m'apprenez-vous là ! Comment ! tout le luxe qui vous entoure est un luxe menteur !

— Oui, menteur, dit madame Chenevier. Nous avons fait le trafic de nos dernières ressources pour le voyage de Londres, et il ne reste plus rien.

— Mais il me semble, dit Dodges, que ce n'est pas une raison pour me refuser votre fille ; vous me l'avez accordée, elle est à moi.

— Si cette pauvreté, que nous vous dévoilons trop tard, ne vous éloigne pas, dit madame Chenevier, notre parole donnée sera maintenue.

— Ainsi, ajouta M. Dodges, mademoiselle Adrienne accepte toujours ma corbeille de noces ?

— Oui, monsieur, dit une voix retenue par un mouchoir de batiste.

— Malgré ma pauvreté ?

Adrienne se leva fièrement, prit le châle boiteux de Dublin, le mit sur ses épaules et embrassa sa mère.

— Madame Dodges, dit le futur mari à Adrienne, vous ne porterez ce châle qu'aujourd'hui, l'Inde frappe à votre porte.

Deux commis de la maison d'Everington entraient en ce moment, et déposaient sur une table la plus belle des corbeilles qui aient réjoui le cœur d'une *lady* du *West-End*.

Des cris de joie frappèrent le plafond, et M. Chenevier ouvrit une bouche qui ne pouvait plus se fermer.

— Monsieur Chenevier, dit Dodges, je savais que vous étiez pauvre, mais une idée toute anglaise m'a conseillé la supercherie innocente qui vous a tous attristés un moment. Je voulais que mademoiselle Adrienne m'acceptât malgré ma pauvreté. Il est trop peu flatteur d'être accepté quand on se présente avec un cortége de millions : maintenant, je puis vous dire, en bon français, que j'ai six cent mille francs de rente, et que je les mets aux pieds de ma femme Adrienne.

M. Chenevier, remonté de l'enfer au paradis, embrassa son gendre; ce fut le signal d'une explosion de tendresse générale. Le délire de la joie éclatait dans tous les yeux.

Alors M. Chenevier crut convenable de faire à son gendre l'histoire de son aérostat ; et lorsqu'il eut terminé, M. Dodges lui dit :

— Bénissez Nemrod comme je le bénis. Grâce à lui, j'ai vu au palais de l'Exhibition le plus beau produit de l'industrie française, et je l'épouse dans huit jours.

# VENTRE AFFAMÉ A DES OREILLES

Pradon, censeur de beaucoup d'esprit, a donné de grands déplaisirs à Boileau ; après chaque satire, paraissait une critique mordante, qui contrariait fort le législateur du Parnasse. Une chose surtout rendait Pradon redoutable ; c'était l'art ingénieux avec lequel il savait mettre Boileau en contradiction flagrante avec Despréaux. Ainsi, lorsque le poëte écrivait les louanges du héros accompli, et les résumait en ce vers ;

Qu'il soit tel que César, Alexandre ou Louis ;

Pradon ne manquait pas de faire remarquer que cette alexandrine était un outrage à la sagesse de Louis XIV, puisque, dans une page voisine, Alexandre avait été traité de *fou*, en trois lettres, et avec cette paraphrase.

> Heureux, si de son temps, pour cent bonnes raisons,
> La Macédoine eût eu des petites-maisons!

Boileau bondissait alors de colère sur les gazons d'Auteuil, et se vengeait par une bonne épigramme, de son juge qui avait le tort d'avoir trop raison.

Une autre fois, Pradon faisait observer qu'après avoir exalté pompeusement la fable, et avoir consacré des vers enthousiastes à la mythologie, Boileau n'aurait pas dû écrire ce vers.

> Rien n'est beau que le vrai, le vrai seul est aimable.

il ajoutait ensuite que le vrai n'est beau qu'à condition qu'il prendra un air fabuleux, et en effet, nous ne nous intéressons au vrai qu'à la condition qu'il sortira du domaine des accidents vulgaires. Pour plaire aux lecteurs, en lui racontant le vrai, il faut le choisir dans l'invraisemblable, le narrateur qui écrirait le procès-verbal minutieusement exact des choses qui se passent chaque jour, dans les quinze mille boutiques de Paris, aurait beau être dans le vrai, il serait d'une monotonie et d'un ennui intolérables, et si le monde était condamné à n'avoir d'autre lecture que le procès-verbal bourgeois et vrai de ce commissaire-priseur historien, le monde lui demanderait en grâce de vouloir bien donner une dernière édition de la mythologie, dont la première a été épuisée, il y a trois mille ans.

Ce préambule est peut-être inutile, au commencement de mon histoire, mais j'adore les préambules inutiles, surtout quand je commence un récit vrai qui a un faux air de faux.

J'aurais voulu voir Boileau causant avec le capitaine Masse, à bord du vaisseau *le Solide,* ancré et désarmé dans le port de Toulon. Ce vieux capitaine, le plus véridique des hommes, ne racontait que des choses incroyables. S'il eût fait à Boileau un récit, comme celui-là :

Nous appareillâmes de Toulon, le 1er juin 1790, par une bonne brise de nord-nord-ouest et après avoir subi un grain dans les îles d'Hyères, qui nous avaria le beaupré, nous prîmes des ris, et après dix jours de vent debout, et une semaine de panne, nous débouquâmes, et nous fîmes relâche à Cadix.

Boileau le grand critique aurait-il trouvé beau ce vrai ?

Heureusement, le capitaine Masse avait tant navigué qu'il avait dans sa tête une collection d'histoires émouvantes comme des fables, et depuis Ulysse, qui racontait Polyphème, Circé, les Lestrygons et autres mille et une nuits, jamais voyageur ne m'a paru plus écoutable que ce bon Masse, l'ami et le second du célèbre capitaine Marchand.

Masse a donné son nom à une des îles de l'archipel de la Révolution ; ce qui est plus glorieux que de donner son nom à une rue. *L'île Masse* est dans le voisinage des Marquises, sur les belle zônes de l'Océan du sud.

Masse ayant besoin de conter, avait trouvé en moi un auditeur infatigable et doué de quatre oreilles. *A peine au sortir de l'enfance*, je montais l'échelle dévastée du *Solide*, cet illustre vaisseau qui a été envahi par les jeunes Mendoçaines, vêtues à l'Eden, et je trouvais Masse, la pipe à la bouche, calme comme un cacique, et assis sur un tronçon de cabestan. Ce *Solide* était une ruine navale, belle à mes yeux comme la tombe d'Adrien. J'aimais à voir ces bastingages dévastés par l'écume de la mer; ces écoutilles toujours ouvertes; ce cabestan décapité par le tranchant des vagues; ces tronçons de mats, grinçant sur leurs bases; ces poulies sans cordes, ces vergues sans voiles, ces sabords sans canons, ce spectre de vaisseau qui, dans sa vie glorieuse, avait sillonné tous les océans, visité tous les ports, cotoyé tous les écueils, ouvert ses voiles aux vents alisés des Açôres, et aux moussons des deux golfes indiens. Il était là, comme un vétéran invalide, ou comme le dernier débris d'une Palmyre navale exposé à la pitié du passant.

Un jour, Masse me raconta une histoire si incroyable, que ma jeune conviction fut ébranlée, et qu'un sourire de doute contracta ma figure. A cette époque, comme aujourd'hui encore, je savais mon Boileau par cœur, et je demandais du vrai avant tout. Le bon

Masse descendit alors au café Victor, où j'apprenais alors mes deux jeux favoris les échecs et les dames, et appelant le brave capitaine Mordeille, ce rival de Robert Surcouf et le capitaine Bertrandon, deux héros indiens, il leur dit :

— Voilà un petit jeune homme qui n'a pas l'air d'ajouter foi à notre histoire de Kalimo-Yava.

Les deux honorables marins, appelés ainsi en témoignage, affirmèrent la vérité du récit, et dès ce moment, je cessai d'être incrédule et je me citai à l'appui un autre vers de Boileau :

> Le vrai peut quelquefois n'être pas vraisemblable.

Boileau s'est arrangé de manière à se donner toujours raison. Il habitait le palais de justice, et prenait des leçons de tous les avocats sur l'escalier de Barbin.

Voici l'histoire incroyable, et qui me parut alors belle comme la vérité, lorsque Masse me la raconta dans la belle langue provençale des marins.

Le 2 juin 1781, le brick *le Cygne*, parti du cap d'Ambre pour Batavia, toucha, dans la nuit, un banc de rochers presque à fleur-d'eau et s'y cramponna comme si un géant à cent mains l'eut retenu par la quille. En mer, un malheur n'arrive jamais seul. Au milieu de la nuit une affreuse tempête se leva; l'Océan assaillit le navire cloué sur le roc et le démolissant pièce à pièce, il en dispersa au loin les derniers débris.

L'écueil qui avait arrêté le *Cygne* était la pointe sous-marine de l'îlot de Kalimo-Yava, sur lequel l'équipage put se réfugier et gagner provisoirement quelques jours de vie en attendant la mort.

Quinze hommes et deux jeunes Malais esclaves abandonnèrent le brick et, dans le premier moment d'effroi, ils n'emportèrent rien avec eux, ne prévoyant pas d'ailleurs la subite tempête de la nuit : les moins avisés se munirent de leurs pipes, de leur tabac et de leur briquet. Seules provisions que le marin juge indispensable, lorsqu'il faut passer une nuit à la belle étoile et sous un beau ciel.

Quand le soleil, qui ne manque jamais de se lever à six heures précises, sous l'équateur, éclaira l'îlot du naufrage, les pauvres marins se livrèrent au plus violent désespoir ; ils virent trop clair dans leur désastre. Le brick avait disparu, et avec lui, tout espoir de vivre seulement deux jours. L'îlot était nu comme un roc stérile des îles Laquedives, ou des Maldives lorsque le vent du nord en déracine les rares palmiers. Au centre de l'îlot, suintait une petite source d'eau douce, qui pouvait être un grand secours contre les ardeurs de la soif, mais sa sœur, l'inexorable faim ne trouvait rien auprès, rien, pas même les coquillages ou les nids d'hirondelles de mer, si communs sur les côtes rocailleuses du Malabar ou du Coromandel.

Masse, Mordeille et Bertrandon s'assirent sur un

roc brûlé par le soleil, à l'ombre de leurs chapeaux de paille de Manille; ils chargèrent leurs pipes avec le calme des marins prêts à tout, et tinrent conseil pour rassurer l'équipage. C'est tout ce qu'ils pouvaient faire en ce moment.

En voyant ces trois hommes, leurs supérieurs, occupés de leurs pipes et causant d'un air tranquille, les matelots osèrent espérer le salut. Heureusement, ils n'entendaient pas l'entretien de leurs chefs réunis en conseil.

L'aspect de la grande nature indienne était désolant; cet îlot est le centre d'un cercle infini, d'un horizon immense couvert par la coupole du ciel : un atôme de sable entouré d'une création sans limites, au zénith, un seul spectateur, l'égoïste soleil, qui a tout éclairé depuis six mille ans, qui a tout vu, et accable de son ironie splendide le désespoir des solitaires comme les vastes infortunes des nations.

Les matelots attendaient toujours la décision du conseil, mais les trois chefs n'ayant rien à dire de rassurant s'obstinaient dans un silence plus facile que la parole, et mâchaient du tabac, n'ayant rien autre à mettre sous la dent; Masse, m'a dit Mordeille, était sublime de sangfroid : aucune pensée sinistre ne contractait un pli de sa figure de cacique; il racontait à ses deux conseillers des histoires de pirates de Borneo, comme s'il eût fait sa veillée assis sur un banc de quart.

Cependant la faim grondait, parlait avec ses exigeances inexorables, on n'avait pas même quelques tiges de cuir à dévorer comme au siége de Gênes, car tous les pieds étaient nus. Les matelots n'entendant sortir du trio du conseil aucune parole d'espoir, murmuraient contre les chefs, et se rapprochaient d'eux en faisant entendre des plaintes injustes. Masse retirait alors sa pipe de ses lèvres, lançait un tourbillon de fumée dans l'infini, étendait les bras horizontalement et regardait le ciel; pantomime qui conseille la résignation et ne donne pas une miette de pain aux affamés.

A la fin du deuxième jour le désespoir arrivait au comble. Masse avait épuisé sa petite provision de tabac, mais il tenait toujours sa pipe à la bouche et aspirait une fumée absente avec une gravité qui aurait paru comique en toute autre circonstance. Deux matelots, accablés par le paroxisme de la douleur, firent leurs adieux à leurs compagnons et se précipitèrent dans la profonde mer pour terminer leurs souffrances par un suicide; mais le regret les saisit avec la première impression de l'eau, et comme ils nageaient trop bien pour se noyer, ils regnagnèrent l'îlot et subirent les vifs reproches de Masse qui les traita de lâches déserteurs.

Les deux matelots promirent de ne plus déserter, mais ils ouvrirent démésurément la bouche et mirent leurs doigts sous les dents, ce qui signifie partout : à la bonne heure, nous ne nous tuerons pas, mais faites-nous vivre, donnez-nous à manger.

Masse, pour toute réponse, regarda le ciel.

C'est alors que Bertrandon frappa son front pour en extraire un souvenir ou une idée, et parla ainsi d'une voix agonisante :

— Mes amis, notre situation malheureuse me rappelle ce qui est arrivé au capitaine Couture, naufragé sur la presqu'île d'Yucatan.

Les matelots se traînèrent sur le rocher, et leurs yeux interrogeaient Bertrandon.

— Ils étaient trois, reprit Bertrandon, le capitaine Couture, sa femme, une femme jeune et jolie... pardon de ce détail... et un esclave nègre de dix-huit ans; ils avaient survécu seuls au naufrage, et marchèrent sur une côte déserte, en cherchent une cabane ou une hutte. La solitude s'allongeait toujours devant eux, et rien ne se montrait. Madame Couture, accablée par la fatigue et la faim s'arrêta et fit signe qu'elle ne pouvait aller plus loin. Elle avait supporté courageusement la faim pendant quatre jours, mais le terme de l'héroïsme était arrivé. Alors, le capitaine Couture, fatalement conseillé par son amour, regarda le jeune esclave noir d'un œil sinistre et saisit son poignard. Ce malheureux enfant devina la pensée du maître et se précipitant à ses pieds, il lui demanda la vie. Couture, touché par les larmes de l'esclave s'arrêta, mais un dernier regard jeté à sa pauvre femme agonisante, lui fit perdre la raison; il tua pour faire vivre.....

A ces mots, Bertrandon s'arrêta, et se couvrit le visage de ses mains.

L'équipage avait compris. Tous les regards se tournèrent vers les jeunes esclaves malais qui comprirent très-bien aussi.

Masse se leva lentement, marcha vers la rive sans prononcer une parole, s'assit au bord de la mer et voilà sa tête de ses mains, comme Agamemnon, dans le tableau du sacrifice d'Iphigénie.

Hélas! beaucoup de mes contemporains ont entendu le libraire Corréard, passager de la *Méduse*, racontant des choses semblables immortalisées sur la toile par le peintre Géricault!

Dans les moments horribles, l'égoïsme, ce vice assez commun, prend des proportions effrayantes, et donne la mesure de son pouvoir; il explique Horace, créant le *Sæva necessitas*, et Dante bâtissant la tour d'Hugolin.

Deux matelots plus égoistes ou plus affamés que les autres, aiguisaient déjà leurs couteaux sur un rocher saillant et poli par la mer.

Le soleil tombait à l'horizon et amenait la nuit, cette sombre conseillère des crimes. Une plainte douce et émouvante se fit entendre dans le silence des vagues; c'était le prélude d'un chant indien, d'un chant formé de quelques-unes de ces notes langoureusement monotones, qui, dans tous les pays d'Orient, semblent demander l'aumône ou l'amour.

Le plus jeune des esclaves n'ayant aucune défense à opposer à ses meurtriers, chantait cette poésie écrite dans la langue malaise connue des matelots :

### DAHIR-NATHA

*chanson indienne*

Si tu veux la connaître, écoute
Ce qu'on dit de Dahir-Natha ;
Le soleil, un jour, dans sa route,
Pour la regarder s'arrêta ;
Elle dormait la belle fille,
Et l'on vit après son sommeil,
Sur son front, où la grâce brille,
Un baiser, couleur de soleil.
    Le roi des Maldives
    L'aima le premier,
    Sur ses fraîches rives
    Où croît le palmier :
    Sous un ciel que dore
    Un soleil fécond,
    Le roi de Mysore
    L'aima le second ;
    Tous deux sur leur trône,
    L'aimèrent trois jours,
    Et moi, sans couronne,
    Je l'aime toujours !

La voix qui chantait cette fable d'amour avait une expression suave, et ceux qui l'entendirent étaient tous fils de ces heureux climats, où le soleil et la mer donnent l'amour et l'intelligence de la mélodie ; l'autre esclave accompagnait le chant avec un imperceptible bruit de lèvres qui ressemblait au murmure d'une harpe éolienne, ou au léger frémissement des cordes de la mandoline indienne, l'antique *Saradacarem*. Les petites vagues qui se brisaient sur l'écueil formaient à l'unisson un second accompagnement harmonieux, comme si quelque déesse du Ramaïana, eût répondu au pauvre esclave du fond de sa grotte de perles et de corail.

Les grandes constellations du ciel de l'Inde et la radieuse croix du Sud, étoile polaire de cet Océan, resplendissaient dans l'infini et achevaient de donner à cette scène un caractère de grandeur inouïe et d'incomparable majesté.

La faim, plus mauvaise conseillère que la nuit, la *malesuada fames* de Virgile, parlait encore dans les entrailles des matelots les plus déterminés. On entendait des paroles sourdes et des entretiens formidables par leur concision et leur brièveté. Cependant, personne n'osait élever la voix et interrompre par une horrible proposition, ce silence religieux qui suivait la mélodie. Le narrateur de l'histoire de Couture, assis à l'écart, cachait soigneusement ses larmes ; les deux matelots n'aiguisaient plus leurs armes sur le rocher poli, mais ils les tenaient toujours par le manche, dans une main résolue. Ce n'était pas le pardon de la faim, c'était un sursis.

L'esclave musicien jugea bien cette situation, et il continua son chant :

> Jamais Dieu n'en fit de plus belle !
> Dahir-Natha, trésor d'amant,
> Prête ses pieds à la gazelle,
> Et ses rayons au firmament.
> Il faut la voir ! elle a des charmes
> Créés pour le bonheur des yeux ;
> Quand elle pleure, on a des larmes,
> Quand elle rit, on est joyeux.
>       Le roi des Maldives
>       L'aima le premier, etc., etc.

La voix du jeune artiste esclave empruntait un charme particulier à la terrible émotion du moment; il y avait une larme au fond de chaque note et un frémissement imperceptible qui ressemblait au râle mélodieux d'un agonisant. Autour de lui, le cercle des naufragés se rétrécissait à chaque vers, et les auditeurs oubliant leurs misères, prêtaient encore l'oreille à cette musique de l'âme, lorsqu'elle venait de s'éteindre sur la lèvre du chanteur indien. Au milieu de ce silence, la mer se faisait seule entendre, et le murmure de ses petites vagues ressemblait à la ritournelle d'un orchestre qui suit la dernière note d'un chant expiré.

On eût dit que toutes les fatales pensées venaient de s'éloigner de cet écueil de mort et que ce festin d'harmonie avait rassasié tous ces malheureux naufragés, en infusant dans leurs fronts la diversion secourable du sommeil.

Hélas! après quelques heures de douce somnolence, les besoins inexorables de la triste humanité reprirent leurs droits; le sommeil était suspendu à ses premières douceurs par le cri d'une faim toujours réveillée. Des monosyllabes stridents annoncèrent une nouvelle révolte. Les deux inexorables matelots se levèrent le couteau à la main, en demandant que les jeunes esclaves fussent sacrifiés pour le salut des hommes libres.

Mordeille, qui avait toute la vivacité d'un marin méridional se leva d'un bond, et après avoir fait retentir un jurement des plus sonore.

— Vous avez un chef, s'écria-t-il, et tant qu'il vivra vous lui devez obéissance et soumission. Ce chef est le brave capitaine Masse; il veut que les deux esclaves vivent, et ils vivront!

Le plus âgé des matelots, nommé l'Ardisson, répondit par un jurement double, et dit :

— Il n'y a plus de vaisseau! il n'y a plus de pavillon, il n'y a donc plus de capitaine! Nous sommes licenciés par la tempête, nous sommes tous égaux.

Les suprêmes exigences de la faim avaient donné cinq ou six prosélytes au terrible l'Ardisson. Plusieurs voix approuvèrent timidement la réponse du rebelle.

Mordeille et une majorité fidèle regardaient le capitaine Masse, et attendaient avec respect la parole qui allait sortir de cette bouche, toujours ouverte par l'énergie calme, la justice, et le bon sens.

Mais le capitaine gardait le silence; ceux qui ne l'auraient pas connu auraient pu croire que cet intrépide marin, devenu craintif soudainement, tremblait devant le couteau de l'Ardisson.

Cependant une agition sourde se manifestait dans ce petit peuple isolé sur un grain de sable de l'Océan indien. Deux partis étaient en présence. Les lames d'acier étincelaient dans beaucoup de mains.

Le jeune artiste se plaça au centre de ses amis et dit d'une voix douce :

— Il y a un troisième couplet à ma chanson.

— Va-t-en au diable ! s'écria l'Ardisson ; si on l'écoutait, il chanterait jusqu'à demain. Va, je les connais tes pantouns ; quand ils commencent ils ne finissent pas.

— Tu chanteras ton troisième couplet, dit Masse avec un imperturbable sangfroid.

— Et après ? demanda l'Ardisson.

— Après, reprit Masse, il recommencera le premier.

— Vive le capitaine Couture! cria le matelot en agitant son couteau.

Masse fit lentement trois pas, et saisissant le bras droit du rebelle, il dit avec le ton calme et résolu du commandement :

— Si tu dis un mot de plus, je te tue et je te fais rôtir demain au soleil pour le déjeuner de l'équipage!

Et d'une main adroite et vigoureuse il arracha le couteau de la main de l'Ardisson.

Cet acte de fermeté produisit son effet ordinaire; les timides et les douteux se rallièrent au capitaine Masse; l'Ardisson lui-même, effrayé par la menace du talion, baissa la tête et parut se résigner.

— Je ne sais pas, poursuivit Masse, je ne sais pas si l'histoire du capitaine Couture est vraie ou fausse; mais je sais bien que si elle est vraie, elle est horrible et criminelle devant Dieu. Un homme de cœur, dans un cas semblable meurt de faim et de soif à côté de sa femme, et ne tue pas son esclave. Rien n'excuse une pareille action; mes amis, nous mourrons tous jusqu'au dernier sur cet écueil, si c'est la volonté du ciel, mais aucun de nous ne vivra de la mort d'un autre. Nous ne paraîtrons pas devant Dieu avec une goutte de sang humain sur nos lèvres... Allons, enfant, nous t'écoutons; chante ton troisième couplet.

Le pauvre esclave, heureux comme un roi, n'attendit pas une seconde excitation et il chanta :

> Sur les monts bleus que le jour dore
> Quand l'étoile sainte a pâli ;
> Quand le palmier dit à l'aurore
> Le premier vers du bengali.
> Moi je dis aux forêts profondes
> Le premier vers de mon amour,

> Et le dernier, quand, sous les ondes,
> La nuit d'ébène éteint le jour.
> Le roi des Maldives
> L'aima le premier, etc., etc. (*)

L'Ardisson applaudit le premier, ce qui lui valut un geste amical du capitaine Masse ; il n'y a pas de mauvaise nature chez les hommes de mer ; il ne peut y avoir que des égarements passagers. Les récits des voyages d'ailleurs sont souvent très-coupables, lorsqu'ils semblent justifier les atrocités du cannibalisme blanc.

Toutes les émotions avaient été favorables aux naufragés ; elles avaient galvanisé des agonisants, et cette fièvre, jointe à celle de l'insomnie, leur permit à tous de tromper encore leur faim jusqu'au jour. Le spectacle subit du soleil levant sur la mer leur donna encore quelques forces ; il semble alors que la Providence ouvre son œil de flamme pour embrasser le monde, et prêter secours aux infortunés de la nuit.

Et le soleil montait toujours et versait l'incendie sur l'Océan et rien ne surgissait dans l'horizon circulaire ; la vague chassait la vague ; l'or chassait le saphir ; le saphir chassait l'écume ; le roc donnait sa plainte monotone, et l'oiseau de mer répondait par une gamme brève et criarde. Tous les naufragés, voués à une mort

---

(*) Cette mélodie indienne, mise en musique par M. E. Reyer, ne peut être reproduite.

inévitable, s'étaient couchés sur le roc, et, les mains jointes, ils regardaient le ciel.

Une voix faible et monotone reprenait en sourdine le chant de Dahir-Natha, et l'agonie de tous était adoucie par la mélopée ineffable du poëme indien.

Masse, dont l'œil ne quittait le ciel que pour regarder, l'Océan se leva tout à coup, et, sans prononcer une parole, il désigna du doigt l'horizon du nord.

L'électricité de l'espoir ranima soudainement ces cadavres ; ils bondirent, comme si un volcan eut éclaté sous l'écueil, et tous les yeux, démesurément ouverts, suivirent la direction du doigt du capitaine.

— Une voile ! cria Mordeille.

— C'est l'Anglais, remarqua Bertrandon.

— Ce sont des hommes ! dirent toutes les voix.

Aussitôt les naufragés firent de leurs vêtements des signaux de détresse et les agitèrent dans l'air, en les faisant tourbillonner.

C'était le vaisseau, le *New-Castle*, de la compagnie des Indes ; il allait de Bombay à Sumatra.

A cette époque, l'écueil de Kalimo-Yava n'était pas relevé sur les cartes marines, et on peut dire qu'en plein jour les naufragés servaient de phare au navire qui courait à toutes voiles sur des brisants à fleur d'eau, car, à l'époque de la mousson, le courant est fort rapide de ce côté.

Un coup de canon retentit dans la solitude de l'Océan ; c'était la grande voix humaine qui disait à l'infortune : Nous allons à toi ! Heureux les peuples, si le canon ne tonnait que pour dire toujours la même chose !

Une large embarcation courait sur les vagues en les creusant avec quatorze rames. Des cris de joie furent échangés entre le rivage et la mer. Les enfants de deux nations ennemies s'embrassèrent comme des amis. Le bonheur divise, le malheur unit. Les hommes devraient être toujours malheureux dans leur intérêt.

Lorsque le capitaine Masse, Mordeille, son ami, et Bertrandon me contaient cette histoire véritable, je voulus connaître quelques détails ultérieurs sur le jeune artiste esclave qui avait trouvé des oreilles sur des ventres affamés. Or, voici ce que le capitaine ajouta comme supplément pour ma curiosité toujours exigeante.

L'esclave appartenait à l'armateur du *Cygne;* il fut racheté par trois riches marchands anglais, de passage à bord du *New-Castle*. Devenu libre, et possesseur d'une fortune de cent livres, il prit le nom de Kalimo et commença un petit commerce d'écailles et de sang de dragon, à Batavia. Son intelligence le servit à merveille ; il réalisa de beaux bénéfices, et se fit planteur, au Décan, sur le territoire anglais. En 1790 ou 1791, le *Solide*, capitaine Marchand, fit relâche à

Caveri, sur la côte du Coromandel. Masse, qui servait à bord comme second, fumait un soir sa pipe au bord de la rivière qui se jette dans le golfe de Bengale, dans le voisinage d'une belle habitation, alors la propriété d'un Français, nommé Jules Delpin. Le capitaine Masse avait trouvé là, pour quelques jours, la douce hospitalité offerte par un compatriote. Il vit passer devant lui un cavalier qui se dirigeait au galop vers l'avenue de l'habitation.

— Voilà une figure malaise, pensa-t-il, qui ne m'est pas inconnue, mais je ne saurais trop quel nom lui donner.

Le jour tombait ; le crépuscule est fort court dans cette zône ; la nuit attire les bêtes fauves ; le capitaine Masse se hâta de rentrer à l'habitation de son ami, Jules Delpin.

On sonnait la cloche du souper et il était sept heures. Le couvert était mis sous une épaisse voute de lataniers, et les deux lampes qui éclairaient obscurément la table ne mettaient pas en relief les figures des convives ; à peine si Masse pouvait reconnaître le maître de la maison.

Au dessert, Jules Delpin, qui avait conservé dans l'Inde les traditions françaises, entonna une de ces chansons, à gais refrains, qui font sortir tant de notes fausses d'un chorus de convives. Le dernier refrain terminé, une voix sortant de l'ombre noire de la salle du festin entonna une autre chanson, dont le premier vers fit tressaillir le capitaine Masse sur sa chaise de nancléa.

> *Si tu veux la connaître, écoute*
> *Ce qu'on dit de Dahir-Natha....*

En plein jour, presque tous les Malais se ressemblent, comme tous les tigres de Bengale; mais la nuit, aux clartés douteuses d'une lampe, et sous des voutes de feuilles noires, la ressemblance est encore plus générale; il n'y a qu'un Malais; c'est toujours le même Malais qu'on voit; la taille même ne varie pas; ils sont tous petits. Le capitaine Masse, qui avait beaucoup voyagé à travers les races malaisiennes, ne voulut pas reconnaître dans le chanteur l'esclave sauvé par le chant. Ce convive d'ailleurs était vêtu, ou, pour mieux dire, orné avec un luxe de nabab; un reflet de lampe mettait en saillie lumineuse les bagues de ses doitgts, le diamant de son jabot, la vaste cornaline de sa chaine de montre. Impossible de reconnaître sur cette enseigne de bijouterie ambulante, le paria de l'écueil de la faim. Il faut dire aussi que la voix de l'artiste avait été transposée par l'âge. Le ténor était devenu baryton; mais la grâce émouvante de la mélopée indienne n'avait subi aucun changement, et elle réveilla dans le cœur et l'esprit du marin français les plus étranges et les plus doux souvenirs. On entendait aussi en ce moment le murmure de la mer qui accompagnait le chant avec une perfection musicale que la nature trouve pour les concerts de toutes ses nuits.

Après le repas, le capitaine Masse voulut voir de près le chanteur et l'aborda familièrement avec ces mots :

— L'espèce de *pantoum* que vous venez de chanter m'a rappelé un des évènements les plus mémorables de ma vie de marin ; je vous en suis bien reconnaissant pour ma part.

Le chanteur sourit, et tendant affectueusement la main au capitaine, il lui dit avec un sourire :

— C'est pour le capitaine Masse que j'ai chanté ; je l'ai reconnu tout à l'heure et j'ai voulu lui faire une surprise.

Masse poussa un cri de joie, et serra les deux mains de l'esclave nabab.

Ensuite, l'entretien se prolongea bien avant dans la nuit, et l'amitié aurait sans doute uni ces deux hommes, si le capitaine Masse ne fût pas parti le lendemain pour ne plus revoir Kalimo.

Le voyage du *Solide*, si heureusement commencé, devait tragiquement finir. Le capitaine Marchand, qui a laissé un si beau livre, fatalement interrompu, relâcha ensuite à l'île de France, où il se brûla la cervelle, après avoir perdu au *Pharaon* la cargaison qui ne lui appartenait pas ; Masse ramena le *Solide* à Toulon, et le rendit aux armateurs de la célèbre maison, encore florissante à Marseille, sous le nom vénéré d'Élisée Baux.

# BOURGUIGNON EN ÉGYPTE

## I

### UNE COLLATION A BOULACQ

Une semaine après la bataille des Pyramides, le général Bonaparte venait de faire sa visite à la célèbre mosquée d'Amrou, bâtie au Caire par Amrou, le conquérant de l'Egypte, le lieutenant d'Omar.

Cette mosquée est une des plus curieuses de la ville; on la visite surtout pour admirer la colonne d'Omar, qui est, pour ainsi dire, la clef de voûte de l'édifice; il y a une légende attachée à la colonne, et les musulmans regardent toujours avec respect la ligne noirâtre qui sillonne son marbre, comme une cicatrice, et une forte pression à hauteur d'épaule. Pour les non croyants, la légende turque est amusante comme une fable des *Mille et une nuits*. Jugez-en.

Amrou, désireux d'avoir une colonne très-solide, comme celle qui soutenait seule le temple de Dagon, envoya des ambassadeurs à Omar, avec mission de supplier le saint calife de vouloir bien lui expédier une colonne de la Mecque, choisie par lui, et de qualité supérieure. Omar avait tout juste sous la main, en ce moment, une colonne du plus dur granit, et, désireux d'obliger son lieutenant Amrou, il usa de son pouvoir discrétionnaire et ordonna d'une voix ferme à la colonne de se transporter elle-même au Caire; il y avait donc une économie dans les frais de port.

Chose merveilleuse! la colonne ne bougea pas et fit la sourde oreille, comme l'idole d'Égypte dont parle le psaume *In exitu*.

Omar, justement irrité de cette désobéissance, daigna répéter l'ordre, mais la colonne obstinée ne fit pas le plus léger mouvement, comme la première fois.

Ce crime de récidive mit au comble l'exaspération d'Omar; il saisit un *courbach*, longue lanière de cuir, et en cingla la colonne rebelle, avec la force d'un Turc.

Croirait-on que ce châtiment si mérité n'opéra aucun changement sur l'esprit têtu de la colonne! Elle garda son immobilité insolente, comme si le souffle du zéphir eût passé sur son granit.

Omar daigna descendre alors aux extrémités d'une

lutte personnelle, et asséna sur la criminelle un vigoureux coup de poing. Il se blessa gravement à la main, et la colonne, sans s'émouvoir de son attentat, ne songea pas même à prendre la fuite; elle eut l'air d'attendre un second coup de poing, avec le plus grand sangfroid. Vraiment, il y a des colonnes folles qui semblent avoir perdu le chapiteau. L'orgueil fait perdre la tête aux hommes aussi : soyons plus indulgents.

Ce fut sans doute la réflexion qui inspira quelque chose de mieux au sage calife Omar, au moment où il allait se permettre de lancer un bon coup pied à la colonne.

— Je ne réussirai pas mieux, se dit-il à lui-même; employons un autre moyen.

Et, prenant une voix solennelle, il prononça ces paroles :

— Au nom de Dieu, je t'ordonne de partir pour le Caire, et de prêter ton appui à la mosquée d'Amrou.

A ces mots, la colonne partit comme une flèche, traversa le désert et fut se planter elle-même sur le terrain désigné. La veine noirâtre et la pression du marbre attestent la vérité de cette légende aux pieux musulmans.

Quand le général Bonaparte et son état-major furent sortis de la mosquée d'Amrou, des groupes de soldats et de sous-officiers de notre armée entrèrent en curieux pour admirer la forêt de colonnes semées avec une prodigalité orientale autour de l'esclave d'Omar. Un ordre du jour sévère recommandait aux républicains d'Arcole et de Lodi le respect envers les mosquées, les légendes et les imans ; mais les loustics indisciplinés hasardaient toujours çà et là quelques mots bons ou mauvais contre la religion de Mahomet, et les auditeurs étouffaient en sourdine des éclats de rire sacriléges, sous les vénérables voûtes de la mosquée d'Amrou.

Un jeune hussard, nommé ou surnommé Bourguignon, un élève de Berchigny, ce régiment farceur par excellence, s'abritait à chaque pas derrière une colonne pour décocher une pointe de vaudeville, ou un calambour profane, contre l'ameublement de la mosquée d'Amrou ; mais les railleries du jeune hussard voltairien devinrent encore plus vives, lorsqu'il entendit raconter la légende de la colonne par un Arabe d'âge mûr, qui paraissait être l'esclave d'un grave musulman, à barbe grisonnante et à l'œil très-vif. Le cicerone officieux s'exprimait assez bien en langue française, et répondait avec une dignité calme à des questions, souvent impertinentes, adressées par nos soldats, malgré l'ordre du jour.

A chaque plaisanterie de Bourguignon, le Turc, seul auditeur indigène, caressait sa barbe et lançait au plafond des regards étranges, que le hussard saisissait au vol, et dont il ne pouvait deviner la mystérieuse expression, ce qui excitait sa curiosité au plus haut point.

— Ce bon Turc est ton maître? dit Bourguignon au cicerone.

— Oui, monsieur, répondit l'Arabe.

— Comprend-il le français?

— Non, monsieur; mais il parle assez bien la langue franque.

La langue franque est une langue qui s'est faite toute seule, et qui est comprise et parlée dans tous les ports de mer du monde. Ainsi à Marseille, à Barcelone, à Naples, à Palerme, à Pondichéry, à Vanicolo, l'étranger a de grandes chances d'être compris, lorsqu'il demande sur le port, en langue franque, des renseignements au premier venu.

Le Turc avait entendu le court dialogue de Bourguignon et de son esclave, et il donna un gracieux sourire au jeune hussard, en lui disant :

— *Bono Franco ; ti stranir, bono; ti chaplar mamelouki; ti soldirdi Bonaberdi. Bono.*

— Que l'Anglais m'emporte! dit Bourguignon, il me semble que je comprends le turc! et je ne l'ai jamais appris!

— Mon maître, Fazz-Eddin, parle la langue franque, dit l'esclave.

— Ah! c'est la langue franque! mille bosses de

dromadaires ! Eh bien ! je ne l'ai pas plus apprise que le turc ! C'est Mahomet qui est mon maître d'école ; il m'a appris une langue avant la première leçon, avant l'alphabet ! C'est plus fort que le miracle de la colonne d'Amrou !

— *Ti sabir, bono,* dit le Turc; *ti prenir café ; ti fumar chibouca; a casa seguir. Bono.*

— *Bono, bono, prenir café, fumar chibouca,* répondit Bourguignon ; mais ce n'est rien de comprendre le turc, je le parle ! et nous avons dans nos bagages d'âne quatre savants qui étudient le turc depuis le départ de Toulon, et qui ont oublié le français en route et n'ont pas appris le turc !

Le Turc prit les devants, et répéta l'invitation : *A casa seguir,* avec un geste gauche, mais poli d'intention.

Bourguignon suivit ses deux guides, et entra avec eux au Khan-Khalil, ce vaste bazar du Caire, où l'acheteur trouve toutes ses fantaisies s'il a de l'argent.

En passant sous la grande porte ogivale, un colporteur offrit de superbes pipes, ornées d'ambre jaune, au jeune hussard, qui haussa les épaules, et dit :

— Je n'ai qu'une pièce de douze sols, et je ne veux pas changer.

Cette plaisanterie de soldat ruiné fit sourire le Turc, comme s'il l'eût comprise. Le brave homme s'arrêta, demanda le prix de la pipe, l'acheta sans marchander, et l'offrit généreusement au hussard.

Bourguignon mit la main sur son cœur, pantomime de tous les pays, et dit, en langue franque : *Bono Turco, bono.*

On s'arrêta devant la mosquée du sultan Bibars, de loin signalée par un minaret superbe, et l'esclave dit :

— Voilà la maison de mon maître, Fazz-Eddin.

Cette maison avait, à l'extérieur, une apparence assez mesquine, avec ses murs de ciment et de briques, et ses deux cages en saillie, à fenêtres sans vitres, nommées *moucharabiehs*.

Fazz-Eddin entra le premier, selon l'usage de la politesse orientale, plus polie que la nôtre, et il introduisit le hussard de Berchigny dans une petite pièce d'entre-sol, assez démeublée, mais non dépourvue de l'indispensable divan.

L'esclave chargea deux pipes, mit une pastille du sérail dans une cassolette, et un tison sur les deux noix ; puis il attendit les ordres de son maître, qui lui fit signe de rester, et se plongea dans la silencieuse béatitude du *kieff*.

— Voilà une étrange manière de recevoir les gens ! pensait Bourguignon ; il m'introduit dans un salon, me fait donner une pipe, et il a l'air de s'endormir en fumant.

L'esclave, interpellé pour donner une explication

sur cette scène hospitalière, répondit ceci à Bourguignon :

— Mon maître fait à un étranger le plus grand honneur possible; sans le connaître, il le reçoit chez lui, et lui offre une pipe d'hospitalité sur le divan domestique. Tout autre détail de réception diminuerait la grandeur de cette politesse orientale. Une parole même nuirait à la simplicité majestueuse de cette scène. Ainsi faisaient les premiers Arabes sous leurs tentes au désert.

— A la bonne heure! dit Bourguignon ; je ne suis pas d'ailleurs fâché de cette réception muette; j'étais à bout de langue franque et de *bono*. En fumant, nous parlons la même langue; nous nous comprenons.

L'esclave fit un signe affirmatif, et regarda Fazz-Eddin pour attendre un ordre nouveau et obéir avec la promptitude de l'éclair.

Cet esclave était devenu un mystère pour notre jeune hussard; il s'exprimait en français avec une facilité effrayante et conduisait la phrase comme un vieux domestique d'académicien.

L'esclave lui-même prit le soin de s'expliquer en peu de mots :

— A l'âge de neuf ans, j'ai été pris, dit-il, par un corsaire de Marseille, et j'ai passé quinze ans en France; puis j'ai été repris par un corsaire d'Alexandrie, et acheté par Fazz-Eddin.

Cette explication satisfit complétement le hussard.

Les exigences du service arrachèrent Bourguignon aux douceurs de cette hospitalité; il se leva donc après le court espace d'une pipe, et prit congé de Fazz-Eddin.

Le Turc parut sortir de son extase opiacée, et lui dit :

*Ti venir Boulacq, bever fresco.*

Le hussard fit un effort pour comprendre, et se tourna vers l'esclave interprète, qui paraphrasa ainsi le texte original.

— Mon maître vous invite à une collation à son jardin de Boulacq, où l'on boit frais.

— Et pour quel jour? demanda Bourguignon.

— Pour tous les jours, dit l'esclave; en Orient, on invite pour toute la vie en invitant une fois.

— Mais je ne connais, moi, ni le jardin, ni Boulacq, reprit le hussard.

— Boulacq est le port du Caire, sur le Nil, dit l'esclave; entrez à Boulacq, du côté de Sieck-el-Hadid; vous trouverez, après le minaret, un vieux sycomore qui s'étend sur un village. C'est l'entrée du jardin de mon honoré maître; vous ne pouvez pas vous tromper.

En ce moment, un accord de mandoline se fit entendre à travers la cloison, et une voix douce et mélancolique entonna une cantilène, assez semblable à une complainte française dans sa monotonie primitive.

Cet incident détermina Bourguignon à accepter l'invitation de Boulacq; il se fit donner des renseignements plus précis sur la route qu'il fallait suivre, et se hâta de rentrer au quartier pour figurer dans la revue que devait passer le général Bonaparte sur la place d'El-Esbekieh.

La petite maison de plaisance de Fazz-Eddin était située non loin de l'endroit où a été bâti le palais de Boulacq, en l'année 1823. Rien n'annonçait l'opulence dans cette modeste villa du Nil; mais on s'y trouvait bien aux heures ardentes du jour et dans les veillées du soir. On voyait se dérouler le désert de l'autre côté du Nil, avec ses ornements éternels, les Pyramides. L'ensemble du tableau est assez triste au premier coup d'œil; mais l'immensité de ce désert est peuplée de tant de souvenirs, que la tristesse disparaît insensiblement sous une auréole lumineuse et vaste comme l'horizon ; on sent qu'il faut cette étendue sans limite, ce cadre sans bornes, pour contenir ce merveilleux passé.

Après la revue, le hussard Bourguignon s'approcha respectueusement du général Bonaparte, posa la main droite, *en pal*, sur la joue droite, et dit :

— Mon général, je vous demande la permission d'aller me promener jusqu'à Boulacq.

— Va, — lui dit Bonaparte, sur un ton amical et à voix basse, — va, et sois prudent. Le soldat isolé est en péril.

Bouguignon fit un léger mouvement d'épaules et se mit en marche pour Boulacq, en se dandinant avec la grâce d'un hussard de vaudeville.

C'était un charmant jeune homme de vingt-quatre ans, de la figure la plus distinguée ; il portait à ravir son costume, et donnait le ton au régiment, où il n'avait que des amis. Sa devise était celle-ci : *Je ne sais qu'obéir*, et fidèle à sa devise, il refusait, après chaque action d'éclat, le moindre avancement dans l'armée ; chose remarquable, à une époque où trois batailles, suffisaient pour élever le soldat au grade de colonel.

Grâce à de sûres indications, à travers les curieux villages arabes, si bien dessinés par M. A. de Bart, il trouva sans peine la maison de Fazz-Eddin, où il fut reçu avec une hospitalité vraiment patriarcale. La collation se composait d'un pillau succulent, d'un rôti de mouton, de dattes, de tranches de pastèques et d'eau fraîche, mais très-bien filtrée. Cette boisson ne paraissait guère agréable au jeune hussard, mais il fallait respecter la loi de Mahomet, à la table d'un Turc.

L'esclave servait les deux convives, et traduisait à son maître les plaisanteries du hussard, et le bon Turc riait souvent avec la traduction; il semblait rire de confiance, parce qu'un Français est toujours un être facétieux pour toutes les autres nations.

On servit le café dans un kiosque, au bord du Nil; la nuit tombait et les premières étoiles se levaient dans une brume ardente. On distinguait fort peu les objets d'alentour, et l'esclave semblait attendre l'ordre d'éclairer le kiosque, en descendant la lampe du plafond.

Un grand silence s'était fait tout à coup ; on n'entendait que le murmure du Nil et le chant monotone du grillon.

Le hussard se souvint de la dernière phrase du général Bonaparte, et se dit à lui-même :

— Je suis tombé dans un guet-apens égyptien.

Toutefois, il fit bonne contenance et se leva nonchalamment pour aller prendre son sabre, qu'il avait déposé avec étourderie au vestibule de la maison.

A ce moment même, la porte du kiosque s'ouvrit, et une femme turque, à demi voilée, entra dans le kiosque, fit un léger mouvement de tête et s'assit.

— C'est l'avant-garde du sérail, dit le hussard, à haute voix et avec l'assurance d'un homme qui parle devant des étrangers, et pour ainsi dire à des sourds.

Deux éclats de rire furibonds ébranlèrent le kiosque et devinrent inextinguibles; notre jeune hussard demeura interdit quelques moments, et, gagné par cette contagion de gaieté folle, il fit sa partie dans le trio, sans trop savoir pourquoi il riait, au milieu d'un guet-apens égyptien.

— *Bono Franco, bono* dit le Turc, aux dernières mesures du trio.

— Ah! voilà les *bono* qui recommencent! dit le hussard; mais, si vous ne comprenez pas ce que je dis, pourquoi riez-vous?

Sur un signe du maître, l'esclave, toujours sérieux, lui donne cette explication :

— Mon maître, Fazz-Eddin, et sa fille Fatmé, la rose du Faïoum, ont ri de votre surprise comique, lorsque vous avez vu entrer une femme; mais il n'ont pas compris *l'avant-garde du sérail.*

— *Bono, bono!* ajouta le Turc comme un refrain obligé.

Puis, faisant signe à l'esclave, il lui dit :

— *Oriemma, kous-machoul, nien boussaby*

— Ceci n'est plus de la langue franque, dit le hussard, c'est du vrai turc.

L'esclave s'inclina devant le hussard, et parla ainsi :

— Mon honoré maître demande au courageux étranger s'il y a quelque chose de nouveau en France et à Paris.

— Est-ce qu'il me prend pour un journal, ton maître? dit le hussard.

6.

— J'obéis à un ordre, remarqua l'esclave interprète.

— Eh bien ! dis-lui que le dernier bourreau s'est guillotiné ; Dieu a fini par avoir raison.

La jeune femme poussa un cri de joie, et le Turc, prenant la main du hussard et la serrant, s'écria en bon français :

— Que Dieu soit béni !

Pour le coup, le hussard, qui n'avait jamais bronché devant une batterie en explosion, bondit sur son coussin et resta bouche béante. L'esclave s'assit aussitôt devant le guéridon, et se versa du café.

— Morbleu ! dit le hussard en se levant, voilà une bonne plaisanterie ! Et quel malheur pour moi de ne pas pouvoir rester plus longtemps avec vous ! Les journées sont si courtes dans votre pays ! J'entends sonner la retraite ; il faut que je rentre au quartier.

— Mais nous nous reverrons bientôt pour parler un peu de la France, dit la fausse Fatmé, avec une de ces voix parisiennes, plus douces que les gammes des rossignols.

— Ah ! je le crois bien que nous nous reverrons ! dit le hussard ; j'ai des permissions de promenade toutes les fois que j'en demande. Le général me protége. Demain je serai tout à vous, mes chers compatriotes... Mais entendez, entendez dans le lointain nos trompettes... C'est la fanfare de Berchigny! Si Pharaon l'entendait, que dirait-il?

Le faux Turc prit la main du hussard, et lui dit en souriant :

— Excusez-moi, camarade; vous ne m'avez pas trop l'air de vous appeler Bourguignon tout court...

— Une autre fois nous parlerons de cela, interrompit vivement le hussard.

Et il fit un mouvement du côté de la porte du kiosque, et s'arrêta.

Le faux esclave, car tout était faux dans cette maison, venait d'éclairer le kiosque. La jeune femme avait quitté son voile et laissait voir un visage charmant et des yeux d'une expression céleste.

La fanfare de Berchigny retentissait dans le désert et semblait réjouir les échos de la chaîne lybique; un plus long retard était militairement impossible; le hussard serra les mains de son hôte, s'inclina respectueusement devant la jeune femme, et, après avoir dit : Au revoir, il s'élança sur la route du Caire, avec l'agilité d'un cerf altéré qui court à l'abreuvoir du désert.

## II

### LA MARQUISE DE SAINT-NIZIER

Le lendemain, à la même heure, et dans le même kiosque du Nil, nos quatre personnages sont réunis, et ils se connaissent tous sous leur véritable nom. Les fatalités de cette époque expliquent parfaitement ces rencontres, qui paraissent fabuleuses aujourd'hui. Le comte Hubert d'Orsaint émigra en 1793, avec sa fille, la marquise Octavie de Saint-Nizier, faite veuve par l'échafaud, et son neveu, André d'Orsaint, attaché, sous la monarchie, aux chancelleries orientales, et très-versé dans les langues et les usages de ces pays. Ils habitaient le Caire et Boulacq depuis 1794, et vivaient dans la retraite la plus absolue, à la faveur de leur déguisement, et sous l'habile conduite d'André d'Orsaint. Nos trois émigrés virent avec joie l'arrivée de l'armée française en Egypte; ils savaient bien qu'ils trouveraient au moins un ami dans cette France voyageuse, où tant de vertu et d'honneur s'étaient réfugiés loin des bourreaux. Pleins de cette idée, le comte Hubert et son neveu suivaient nos soldats dans les rues, les places et les mosquées du Caire, pour découvrir, à certains indices, offerts par le hasard, un compatriote, un ami, qui serait pour eux le messager et le représentant de la patrie lointaine. Il fallait sans doute user des plus grandes précautions et de la plus minutieuse prudence dans cette recherche, et ne pas égarer une confidence et un épanchement sur un traître et un délateur. Le hussard Bourguignon, qui se moquait si spirituellement de l'ordre du jour, devant la colonne de la mosquée d'Amrou, et dont la figure exprimait tant de franchise, se révéla de lui-même comme le messager fidèle qui pouvait parler un peu de cette chère France à de malheureux émigrés. La chose fut conduite habilement, et le résultat dépassa même toute espérance; car ce soldat, ce hussard, ce Bourguignon, était lui-même un émigré en uniforme républicain, le comte Maxime des Aubiers.

Ainsi, à cette seconde soirée du kiosque, on ne sera pas étonné de voir le hussard transformé en gentilhomme, et s'élevant des saillies bouffonnes du bivouac à la langue des salons de Versailles.

Les émigrés de tous les temps ont toujours eu une idée fixe et bien naturelle; ils comptent par minutes les heures de l'exil, et cherchent à deviner, à force de conjectures, quelle sera l'heure du retour. La conversation venait de tomber sur ce sujet de circonstance entre la jeune et belle veuve et le comte Maxime, soldat de nécessité. Les deux autres émigrés s'occupaient dans la maison d'une préparation de sorbets, dont ils voulaient faire une surprise au hussard gentilhomme, avant la fanfare de la retraite de Berchigny.

Le comte Maxime avait été frappé de la gaieté, de l'esprit et de la grâce suprême de la marquise, et, comme on vivait à une époque où la veille avait un lendemain plus douteux que jamais, il avait hâte de faire une confidence qu'il eût ajournée bien loin en toute autre occasion. Seulement, il voulait saisir une transition heureuse pour s'expliquer.

— Madame, disait-il dans le tête-à-tête du kiosque, si vous désirez savoir mon opinion sur l'avenir réservé à nos compatriotes qui sont en terre étrangère, comme vous et moi, la voici. Je crois que le général Bonaparte n'a pas la moindre envie de rentrer en France; il y a trop d'avocats au Directoire et pas assez d'hommes. Notre général continue Alexandre le Macédonien; il rêve la conquête de l'Inde et veut y arriver avant les Anglais. La France se nommera Bengale, et Paris Calcutta. Le rêve est beau, qu'en dites-vous, madame la marquise?

— J'aime mieux la rue du Réservoir à Versailles

et le bassin de Latone; c'est plus grand que l'Inde.

— Oui, madame; mais il vous est aujourd'hui plus facile d'aller à Ceylan qu'à Trianon, et, si cela continue, il vous sera permis de voir jouer le Gange dans les moulins de Calcutta, et défendu de voir travailler la Seine dans la machine de Marly.

— Eh bien! nous irons à Calcutta, dit la marquise.

— Me permettez-vous, madame, de vous accompagner?

— Connaissez-vous l'opéra du *Déserteur*, citoyen hussard?

— Oui, madame; eh bien! cet opéra et ce titre ne m'effrayent point. Vous savez ce qui arrive au dénoûment!

— On fusille le déserteur, dit la marquise.

— Ah! madame, je me vois contraint à relever une erreur de votre mémoire... On ne fusille pas le déserteur...

— Oui, c'est juste; parce que *le roi passait* et faisait grâce. Le roi ne passe plus aujourd'hui.

— Mais, madame, j'ai l'honneur de vous apprendre que l'opéra du *Déserteur* a subi un changement de paroles sur le théâtre; on a conservé l'air, et, en précipitant les paroles, le basse-contre chante, — au lieu de : *Le roi passait :* — *La commission du pouvoir exécutif passait...* Eh bien! si je suis pris comme déserteur, on chantera : *Le général en chef Bonaparte passait*, et on ne me fusillera pas.

— Et sans aucun regret vous quitteriez le service?

— Oui, madame; on quitte toujours avec plaisir ce qu'on prend avec peine. Ce serait tout le contraire si je prenais femme.

— Ah! vous songez à vous marier, monsieur le comte?

— Mais c'est aujourd'hui le devoir de tous les bons... citoyens.

— Ah! monsieur le comte, ne choisissez pas vos expressions; personne ne nous écoute; il n'y a pas d'espion dans l'armée française, et le Directoire est à mille lieues d'ici.

— Alors je dirai que le mariage est le devoir de tous les bons royalistes.

— A la bonne heure! monsieur le comte; votre phrase est beaucoup plus juste maintenant.

— La Terreur a fait beaucoup de veuves et d'orphelins, madame.

— Hélas! oui, monsieur le comte; et les plus nobles têtes sont tombées... Mais ne tournons pas au sérieux... Me permettez-vous d'être indiscrète?

— Madame, vous savez que ma devise est de ne jamais commander. On m'accorde des permissions; je n'en donne jamais. Vous êtes ainsi parfaitement libre d'être indiscrète.

— Avec vos projets de mariage, reprit la marquise,

en riant, je vous soupçonne de tramer un enlèvement d'Hélène, ou de quelque Dilara de Samarcande, ou de quelque Aline de Golconde; car il n'y a pas une Française dans ce pays.

— Et s'il y en avait une, elle suffirait; n'est-ce pas, madame?

— Oui, monsieur, quoique la polygamie soit permise en Orient; mais vous êtes trop bon chrétien pour vous servir de ce privilége local.

— Et trop galant Français, vouliez-vous dire probablement aussi, madame?

— Je me contente du devoir imposé par la religion, pour m'expliquer votre horreur, en fait de polygamie. La galanterie française menace ruine, dans le voisinage des Turcs. Si le Directoire avait eu le sens commun, il n'aurait jamais envoyé une armée française au pays des harems. Il y a de quoi pervertir tout un régiment de hussards.

— Pardon, madame; il me semble que nous nous éloignons de la question...

— Mais, monsieur, on ne cause jamais, que pour s'éloigner des questions. Nous n'écrivons pas un livre de logique, en ce moment.

— Me permettez-vous, madame, de nous ramener au point de départ?

— Je l'ai complétement oublié, monsieur le comte; on s'égare souvent au désert.

7

— Vous avez un guide, madame, ne craignez rien ; nous allons retrouver notre chemin... Il s'agissait de la possibilité de rencontrer une seule femme au désert...

— C'est le sphinx vivant à trouver ! interrompit la marquise.

— Voulez-vous parier que je le trouve madame ?

— Oh ! non, dit la marquise en riant, je ne veux pas mettre vos yeux en péril ; vous savez ce qui est arrivé à Œdipe ; il est devenu aveugle ; il a gagné l'ophtalmie du désert en cherchant le sphinx.

— Au nom du ciel ! madame, dit le comte avec vivacité, permettez-moi d'arriver à mon but ; vous mettez un esprit diabolique à m'en écarter... Songez madame que la fanfare de la retraite va sonner.

— Eh bien ! interrompit la jeune femme, demain nous nous remettrons à la recherche du sphinx vivant...

— Demain, madame ! Est-ce que je connais l'ordre du jour qui sera placardé demain à El-Esbekieh ? N'ai-je pas déjà entendu parler vaguement d'une campagne en Syrie, ou dans la haute Egypte, à la poursuite de Mourad-Bey ? Mon régiment est désigné ; j'accompagne le général Desaix à Denderah, à Thèbes, aux cataractes ; que sais-je ? aux montagnes de la Lune ! Nos savants veulent découvrir les sources du Nil ; elles n'existent pas ; raison de plus pour les découvrir ! Nous ferons escorte aux citoyens savants.

Vous voyez donc, madame, que je n'ai pas de temps à perdre, et qu'il faut que j'obtienne avant demain une promesse de mariage...

— Du sphinx, monsieur le comte !

— De vous, madame.

La marquise fit un mouvement et sa gaieté s'éteignit tout à coup ; elle changea de ton et dit avec une gravité désolante :

— Monsieur le comte, je voyais arriver de loin votre étrange proposition, et je voulais vous épargner un refus... Parlons d'autre chose...

Le comte Maxime se leva, et dit d'une voix pleine d'émotion :

— Adieu, madame ; permettez-moi de ne plus vous revoir et de regretter de vous avoir vue. Un soldat se console aisément à notre époque ; il y a une bataille par jour et je ne serai pas toujours malheureux ; le moment du bonheur arrive ; on rencontre enfin un boulet sur sa route ; c'est la caresse du destin.

Il salua respectueusement et fit deux pas pour sortir ; un geste impérieux le retint.

— Vraiment, monsieur le comte, dit la marquise d'une voix tremblante, vous n'êtes pas raisonnable ; nous nous connaissons à peine, et vous brusquez une demande en mariage, sans le moindre préambule... Oui, oui, je reconnais avec vous que nous ne vivons pas dans une société régulière, dans un état normal ;

que nous ne sommes pas à Versailles, mais au Caire, et qu'il nous est permis de bouleverser les usages privés au milieu du bouleversement général... Mais enfin, monsieur le comte, si je n'étais pas libre, même dans ma position de veuve; s'il m'était défendu de disposer de moi, Versailles ou le Caire, monarchie ou révolution n'auraient rien à voir dans tout ceci; je devrais vous refuser ma main aux bords du Nil comme aux bords de la Seine, à Boulacq comme à la rue du Réservoir. Avez-vous songé à cette légère objection, monsieur le comte?

— Cette objection, — dit Maxime d'une voix éteinte, — je la respecte, comme toute chose qui aggrave un désespoir.

— Vraiment, monsieur le comte, j'attendais mieux de votre esprit...

— Madame, c'est mon cœur qui parle en ce moment.

— Alors, monsieur, c'est le mien qui lui répond.

— Par un refus non motivé; c'est bien cruel, madame; on voit que nous sommes en pays ennemi.

— Eh bien! monsieur le comte, je vais le motiver, mon refus...

— J'écoute avec le cœur, madame... Parlez.

La marquise fit un signe qui commandait le silence, et dit à voix basse :

— Voici mon père... Parlons d'autre chose; je suis toujours gaie devant lui, il faut changer de ton...

Le comte Maxime se renversa sur le divan avec nonchalance et cria d'un ton badin :

— Quel est le chemin le plus court pour aller aux Pyramides ?

— Tous les chemins sont longs au désert, monsieur le comte... Mais voilà mon cher père, qui vous instruira mieux que moi.

Le comte entrait avec un plateau chargé de friandises orientales, et paraissait fort heureux de sa réussite en sorbets ; sa fille lui transmit la question du jeune hussard.

Le plus court chemin dit le père, en réfléchissant un peu..., il faut d'abord voir toutes les pyramides..., il y en a quatorze environ à Sakkharah. Vous allez donc à Sakkharah... ; on peut prendre le chemin de l'Abbassied... Oui..., ma foi, je ne suis pas très-fort sur la géographie de l'endroit... Attendez..., vous passez par Abousir... Oui..., mais il y a une chose bien simple à faire, monsieur le comte..., prenez un ânier à Boulacq, un guide de profession, et vous ferez avec lui ce chemin, les yeux fermés.

— Mais, cher père, il fallait commencer par là ! dit la marquise dans un éclat de rire fou... Monsieur le comte, prenez un ânier.

— A-t-il un cheval ? demanda Maxime.

— Est-ce qu'il serait ânier, s'il avait un cheval ? dit la jeune femme en continuant son accès de gaieté folle.

— C'est juste! remarqua naïvement le hussard.

— Si vous faites cette course demain, reprit le père, vous aurez une journée très-chaude. Le soleil s'est couché rouge comme une meule de feu.

— Oh! cela m'est bien égal! dit le jeune comte.

— Mais, comptez-vous monter sur les pyramides reprit le vieux émigré.

— Sans doute..., j'ai un nom à graver sur la cime.

— Un tendre souvenir du pays? dit le père avec un sourire malin.

— Un nom que je voudrais graver beaucoup plus haut, reprit le comte avec lenteur, mais il faut se contenter de la page qu'on a sous la main quand on veut écrire son testament la veille d'une bataille.

Le père regarda fixement le hussard et réfléchit pour deviner le sens de cette phrase. Tout en causant, chacun faisait honneur aux sorbets.

La fanfare de Berchigny vint à propos au secours du hussard, qui mourait d'impatience, en attendant le mystérieux motif du refus; il se leva vivement, et offrant, avec une grâce parfaite, son bras à la jeune veuve, il lui dit :

— J'aurai l'honneur d'être accompagné par vous jusqu'à votre porte; il me faut un guide dans l'obscurité de ce jardin, et je suis fort en retard, ce soir, au quartier.

Il serra les mains des deux hommes, et sortit du

kiosque avec une précipitation fort naturelle à expliquer.

Le comte Hubert et son neveu continuèrent leur collation.

— Le refus motivé? dit le hussard à l'oreille de la marquise, sur le ton vif de l'interrogation.

— Mon Dieu! que me demandez-vous là? dit la jeune femme : il fait sombre sous ces vieux sycomores, et j'ai peur... Attendons le jour..., attendons demain.

— Madame, il n'y a pas de demain pour un soldat.

— Mais il y en a un pour le mariage, dit la marquise ; et ce demain est souvent un regret. Demain est un mot qu'une femme devrait toujours avoir sur les lèvres, quand un futur mari se présente. Demain sera le mot de toute ma vie ; je resterai sans cesse à aujourd'hui.

— Madame, reprit le jeune comte, je crois mieux comprendre les devoirs du moment ; la noblesse a fait assez de fautes avant 89 ; il faut qu'elle donne le bon exemple après 93. C'est une revanche d'honneur. L'échafaud et la guerre ont dépeuplé la France. Avant 89, le célibat était un vice permis ; après 93, c'est un crime défendu. Je veux me marier.

— Eh bien ! dit la jeune femme avec un sourire, rien n'est plus facile ; il y a de jeunes chrétiennes partout. En Orient, la religion est la plus haute noblesse. Il y a au Liban des femmes druses qui descendent des compagnons de saint Louis. Vous ne vous mésallierez pas.

— Est-ce-là, madame, dit le jeune homme, le refus motivé que vous m'avez promis?

Ils étaient arrivés à la porte du jardin et dans une éclaircie lumineuse, où les rayons des premières étoiles ne rencontraient plus des voûtes d'arbres. La belle veuve regarda le ciel, soupira et dit :

— J'ai plus de courage, maintenant; les saintes étoiles me donnent la force de parler... Monsieur le comte..., à seize ans, j'étais veuve..., il y a six ans déjà..., eh bien! malgré ma gaieté fausse, ma légèreté apparente, je suis une veuve d'hier. Le sang de l'échafaud coule encore sur ma couronne de mariée; le cri de mort de mon mari résonne encore à mes oreilles et se mêle au bruit des roues de la charrette du bourreau. Ne me jugez pas sur la vie de mes jours passés au soleil; vous ne connaîtriez pas la femme. Toutes les nuits, je refais le même songe...., un songe horrible qui blanchira mes pauvres cheveux avant le temps... Je vois..., je le vois, lui, ce noble royaliste, pâle comme un spectre, avec son suaire rouge, s'avançant vers moi, et laissant tomber entre mes mains sa tête qui me regarde avec des yeux vivants!... Oh!... voilà mon refus motivé, monsieur le comte.

Le noble hussard, qui n'avait pas tremblé dans vingt batailles, se raffermit sur ses pieds, comme fait le conscrit au premier sifflement des balles, le jour de son baptême de feu.

Honteux de ce moment de faiblesse, il prit les mains de la jeune femme, les serra respectueusement, et d'une voix à peine entendue, il lui dit :

— Je fais le même rêve, moi aussi; le sang de mon père est toujours sur mes pieds; je cherche l'oubli, madame...

— Et moi, monsieur, interrompit la marquise, je ne le cherche pas, je veux en vivre.

— Eh bien ! madame, reprit le comte ému aux larmes, confondons nos deux souvenirs et nos rêves de sang. Nous serons plus forts pour ne pas oublier.

— Impossible, monsieur le comte; j'ai l'égoïsme de la souffrance, et je ne veux pas la partager.

Elle fit un léger mouvement de tête et disparut dans l'ombre noire des arbres voisins.

Le hussard demeura quelque temps immobile sur le seuil de la porte du jardin, et s'éloigna lentement, comme si la fanfare de retraite n'eût pas sonné dans le lointain.

# III

### LES SANGLIERS D'ÉGYPTE

L'ordre du jour du lendemain n'annonçait pas le départ de la division Desaix pour la haute Égypte, et le hussard Bourguignon obtint facilement la permission de faire sa visite aux Pyramides. Il prit donc un ânier à Boulacq, d'après le conseil de ses compatriotes émigrés, et au lever du soleil il était à Sakkharah.

Sur la route de Ghisch, on trouve une forêt d'arbres de la famille des mimosas; le sentier abonde en rameaux épineux et en tiges inflexibles, comme des feuilles de nopals. C'est un endroit désert et sauvage, où le vol et l'assassinat peuvent se commettre avec impunité. Le jeune comte marchait à pied, l'œil aux embûches et la main à la poignée du sabre. Le vrai courage est prudent.

Une scène étrange, et qui devait avoir une influence

décisive sur la destinée du comte Maxime, allait se passer dans cette forêt de mimosas; une de ces scènes qui paraîtraient fabuleuses, si trente voyageurs n'en attestaient pas l'incroyable vérité (1).

Le jeune hussard entendit un grand bruit de feuilles criardes, sur la droite du sentier, et il s'arrêta pour attendre le péril.

L'Arabe, son conducteur haussa les épaules, fit un sourire grave, et allongea son bras dans la direction de Ghiseh, comme s'il eût voulu dire, en signes : Marchez toujours, ne faites pas attention; ce n'est rien.

Cette pantomime, loin de rassurer le jeune soldat, lui démontra la complicité de l'Arabe; il mit aussitôt le sabre à la main, bien résolu à vendre chèrement sa vie aux pirates de la mer sablonneuse.

Au même instant, deux énormes sangliers sortirent des massifs, en poussant des grognements sinistres et montrant des défenses léonines de l'ivoire le mieux aiguisé.

Le comte Maxime se connaissait en sangliers. Dans les jours calmes de la monarchie, il avait suivi les grandes chasses royales; cent fois dans sa vie il avait forcé le *ragot* dans sa *bauge;* il avait vu ses chiens *décousus* par la bête; mais, dans ces combats de

---

(1) Le dernier de ces voyageurs est M. A. de Bar, dont le crayon si pur et si vrai fait l'histoire de l'Égypte mieux qu'un narrateur. Il a traversé la forêt de mimosas et vu la même scène.

monstre à homme, il s'était muni des précautions d'attaque et de défense; il luttait avec une escouade de chasseurs, et riait au péril, dans l'enivrante musique des aboiements de chiens. Cette fois, la rencontre changeait de caractère, rien n'était prévu. C'était le chasseur qui se voyait forcé dans sa *bauge* par une meute de sangliers.

On a beau être brave, ou stoïcien, ou dandy, ou héros, il y a des dangers qui donnent la peur, dans une certaine mesure. Notre hussard éprouva donc un frisson de peur fort excusable, lorsque le nombre des sangliers d'attaque s'éleva au chiffre de dix-sept. Un seul eût été suffisant. La belle chasse de Rubens n'en compte pas davantage, le grand peintre a exprimé l'effroi suprême sur la figure des nombreux chasseurs.

Cependant le hussard s'était adossé contre un arbre, et attendait l'ennemi, en tenant la pointe de son sabre à la hauteur d'une hure de sanglier.

— Cela ne m'empêchera pas d'être *décousu*, se disait-il, mais du moins j'aurai fait bonne contenance jusqu'à la mort.

La bande de sangliers fit un demi-cercle devant le hussard, en exécutant un chœur de grognements à l'unisson, comme fait un auditoire anglais dans un *meeting*, devant un orateur impopulaire. Les poils se hérissaient comme des dards de hérissons; les hures ressemblaient à des têtes de Méduse; les défenses d'ivoire s'aiguisaient dans le sable pour mieux percer le gibier humain.

L'Arabe s'arma de son bâton, et chargea la meute de sangliers avec une impétuosité admirable, distribuant les coups à droite et à gauche, comme eût fait un porcher sur son troupeau, dans un champ de légumes envahi par des gloutons indisciplinés. Le comte Maxime, tout en admirant ce courage surnaturel et cette charge incompréhensible, n'osa pas se servir de son sabre, comme l'Arabe faisait de son bâton ; il s'attendait à tout moment à voir ce courageux, mais imprudent ânier, broyé en lambeaux par les dix-sept monstres. Chose incroyable ! la meute redoubla ses cris, mais elle céda peu à peu le terrain, devant ce terrible ânier qui opérait un miracle nouveau sur cette terre des prodiges.

Cet exploit accompli comme un fait naturel, l'Arabe fit au hussard le signe qui veut dire : Continuez votre chemin, vous ne risquez rien. Le comte serra les mains de son étrange sauveur, qui reçut très-froidement cette marque de reconnaissance économique.

— Il n'est pas content de ma libéralité, pensa le comte Maxime, et il a bien raison ; une poignée de main ! quelle récompense pour un si grand service ! mais il ne connaît pas le dénoûment. Laissons-lui croire encore un peu que je suis un ingrat.

Avant tout, il fallait sortir du bois, ce repaire de

tant de sangliers: on ne fait pas deux miracles en un jour.

Arrivé aux derniers arbres, le comte Maxime déboucla une ceinture secrète, un vrai coffre-fort portatif, un viatique de riche émigré prévoyant, et, fouillant ses profondeurs, où les diamants se mêlaient aux doublons, il prit cinquante louis et les offrit à l'Arabe, qui recula de joie devant ce trésor des *Mille et une Nuits.*

L'or, ce vil métal, est compris par toutes les intelligences; il fascine le sauvage comme le civilisé; il provoque le sourire sur toutes les lèvres, sans distinction de nuance; c'est l'idiome universel minéralisé.

On arriva devant les Pyramides. Le joyeux Arabe choisit le côté de l'ombre, s'assit et se mit à compter les pièces d'or. Le comte Maxime escalada Chéops, avec l'agilité de la jeunesse, et, parvenu au sommet, il grava sur le granit le nom de la belle marquise Octavie de Saint-Nizier.

Cela fait, il descendit lestement cette échelle de Jacob, et, arrivé en plaine, il chercha son Arabe et ne trouva que le désert. L'ânier avait disparu.

Il poussa des cris inarticulés, avec une voix de haute-contre, sur l'air *les Fils des Dieux,* d'un opéra du temps, et l'écho des Pyramides daigna seul répondre au hussard.

Une pensée affreuse s'empara de l'esprit du comte
Maxime. Cet Arabe, conteur comme tous les Arabes,
s'était hâté de rentrer chez lui pour faire part à sa
famille de sa bonne fortune. Sa vive impatience ne
lui avait pas permis le retour de son généreux bienfaiteur. Un bruit fatal allait donc se répandre de bouche en bouche dans les veillées causeuses de Boulacq
et du Caire; on allait même exagérer la munificence
et la richesse d'un simple soldat. Ce bruit arriverait
infailliblement à des oreilles françaises; on en ferait
le sujet d'un rapport au général. Un hussard qui sème
l'or, et en est tout cousu, ne peut être qu'un voleur,
un aristocrate, ou un émigré déguisé. Le bienfait devenait, en se divulguant, un arrêt de mort.

Toutefois, et avant tout, il fallait rentrer à Boulacq
pour rendre compte de la promenade aux Pyramides,
et cette volonté de Dieu, que les hommes appellent le
hasard, conduisit en ce moment même devant le grand
sphinx une petite caravane qui se rendait au Caire.
Le comte Maxime, si compromis par sa générosité, offrit une modeste pièce d'argent au conducteur, et il lui
fut permis de monter un onagre et de suivre les pèlerins.

A Boulacq, le hussard mit pied à terre, et courut à
la maison du comte Hubert. Les deux hommes étaient
au Caire, la marquise seule se promenait sous les sycomores, en rêvant,

Le jeune homme ressemblait à un naufragé de l'océan de sable; son uniforme tombait en loques; son dolman avait laissé la moitié de son étoffe aux buissons; ses bottes regrettaient leurs semelles absentes; une poussière blanche couvrait ses cadenettes; tout enfin servait de certificat au hussard; il avait effectivement escaladé la pyramide pour écrire la carte de visite de la marquise dans le voisinage du soleil, un peu plus haut que le cœur d'un gentilhomme amoureux.

La jeune femme fut vivement émue du récit du comte, qui passa sous silence le bois de mimosas, la rencontre des sangliers, l'héroïque et miraculeux dévouement de l'Arabe, et la fatale générosité qui pouvait conduire une tête d'émigré à l'échafaud.

Les femmes, avec leur merveilleux instinct, devinent toujours la réticence mystérieuse qu'un homme intéressant met dans un récit.

— Je ne sais si je fais erreur, dit la marquise en souriant, mais il me semble que vous me cachez quelque chose. Quand vous me racontiez votre promenade, vos yeux avaient l'air de penser à des choses que votre bouche ne me disait pas.

— Madame, répondit le comte en riant, vous avez raison..., j'ai oublié un léger détail...

— Un danger? interrompit la marquise, sur le ton de l'effroi.

— Oui, madame, un danger assez grand..., mais le danger est l'amusement du soldat.

— Voyons, monsieur le comte, comment vous êtes-vous amusé? Cela m'intéresse.

Alors, le comte Maxime remplit une lacune de son récit, et fit gravement l'histoire de la rencontre des sangliers.

A chaque phrase, la marquise avait l'air de contenir un éclat de rire; mais, à la fin du récit, elle donna libre cours à sa gaieté folle, et le comte Maxime demeura comme pétrifié.

— Ah! vous ne connaissiez donc pas nos sangliers d'Égypte? dit-elle; c'est une espèce à part...; ce sont les meilleurs enfants du monde; personne ne les attaque depuis Moïse, et ils ne songent à attaquer personne; ils sont innocents comme des animaux herbivores, et un enfant les mettrait en déroute par douzaines avec un fuseau. Heureusement, monsieur le comte, vous avez dans vos états de service des dangers plus sérieux!..... Bon! — ajouta-t-elle, en examinant la physionomie du comte, — vous me cachez encore quelque chose? je le devine... Allons, j'exige le récit complet.

Le comte obéit, et, cette fois, la marquise ne répondit plus par des éclats de rire, et elle partagea les justes terreurs du hussard émigré.

Deux craintes fondées sur deux conjectures, et parties de deux personnes qui ne se sont pas concertées entre elles, doivent être prises en sérieuse considération, lorsqu'il s'agit de la vie. Il fut donc reconnu, après un échange rapide de quelques paroles, qu'il y avait péril de mort. En pareil cas, le luxe dans les précautions est toujours salutaire; il y a péril de mort, le doute est une imprudence.

En voyant la terreur de la marquise, le comte Maxime exagéra ses propres craintes, sans doute dans un but facile à deviner.

— Madame, lui dit-il d'une voix pleine d'émotion, j'avoue ma pusillanimité; j'ai bravé la mort sur les champs de bataille, mais la mort donnée par le bourreau m'épouvante, et ma tête est si troublée qu'il m'est impossible d'y trouver une bonne inspiration de salut. Aidez-moi, je vous en conjure; les femmes ont l'instinct des bons conseils.

La jeune veuve réfléchit quelques instants, et dit :

— Monsieur le comte, je ne vois qu'un moyen de salut. Nous vous donnerons un déguisement, vous partirez avec mon cousin, et vous irez à Alexandrie, ou à Rosette, ou à Jaffa. Dans un de ces ports, vous trouverez aisément l'occasion d'aller joindre en mer l'un des vaisseaux du commodore Sidney Smith, *le Thésée* ou *le Tigre*, toujours en croisière sur les côtes d'Egypte...

Le comte Maxime fit un brusque mouvement qui

arrêta la parole sur les lèvres de la jeune veuve : elle changea de ton, et acheva ainsi une phrase commencée pour un autre sens :

— Le plan que je vous propose n'a pas l'air de vous séduire ; n'est-ce pas, monsieur le comte ?

— Pardonnez-moi, madame, ma rébellion ; il m'est impossible de vous obéir. Deux raisons majeures m'obligent à repousser votre plan. Ayant eu le bonheur de vous connaître, je ne puis me résigner à vivre sans vous voir. Un péril de mort même ne changerait pas ma résolution à cet égard. Ensuite, je n'irai jamais demander à l'Anglais asile et protection. Je suis d'une famille de marins. Mon père et mes oncles se battaient sous le pavillon de Suffren, dans les mers indiennes, contre le commodore Johnston.

— Soit, dit la marquise, je comprends ce scrupule, il est honorable ; mais enfin il faut prendre un parti. L'heure est mauvaise. Si mon plan ne vous convient pas, trouvons-en un meilleur.

Il y eut un moment de silence. Un soupir servit de transition, et le comte Maxime prononça ces paroles sur un ton funèbre.

— Mourir seul, ou vivre deux.

— Cela signifie, monsieur le comte ?

— Madame, si vous demandez l'explication de ma phrase, c'est que vous l'avez comprise.

— Monsieur le comte, vous n'êtes pas raisonnable.

— Je le sais, madame.

— Ainsi vous me condamneriez au mariage, sous peine de votre mort?

— Je savais bien que vous aviez compris ma phrase, madame.

— Oui, monsieur le comte, vous êtes en danger de mort, puisque vous avez été condamné par le tribunal révolutionnaire de Paris, et, à chaque instant, vous pouvez être trahi sous votre uniforme, même si votre Arabe des Pyramides ne révèle pas la générosité royale d'un simple hussard ; mais je me croirai toujours, moi, innocente devant Dieu du malheur qui peut vous frapper ; vous aurez fait vous-même votre mort.

— J'accepte mon œuvre, madame; je vous absous de toute intention homicide, et je vous fais un dernier adieu.

Le comte s'inclina comme pour prendre un congé; la jeune femme le retint par un geste impérieux.

— Comte Maxime, dit-elle, nous partirons tous cette nuit.

— Et ensuite, madame ?

— Ensuite, vous verrez. Que puis-je vous dire de plus? Si je m'expose à traverser le désert avec mon père, un jeune gentilhomme de France peut-il me refuser son bras et sa protection?

— Non, madame; je vous suivrai, si l'espérance est au bout du chemin.

— Pas de condition, noble comte, fils des croisés! dit la marquise, d'un ton de reine.

Le comte Maxime courba la tête devant le geste de la jeune femme, laquelle ajouta :

— Vous avez pris, dites-vous, pour devise cette parole : *Obéir, jamais commander*. Devise et noblesse obligent.

— J'obéirai, madame, et sans condition.

La marquise serra la main du jeune comte, et lui dit :

— Maintenant, ne vous montrez plus. J'attends mon père et mon cousin. Croyez bien que notre départ n'est pas une chose que j'improvise pour cette circonstance. Depuis longtemps nous nous préparons à chanter et à mettre en action l'*In exitu Israël*. Au lieu d'être trois, nous serons quatre : un aide de plus contre le danger.

## IV

LE COUVENT D'EL-DHEMIR.

Les quatre pèlerins, suivis de deux domestiques fidèles, et formant une petite caravane, traversèrent le désert et atteignirent heureusement les premières crêtes de cette vallée recueillie, où le Liban commence et offre de saints refuges aux naufragés du monde, depuis les Druses et les compagnons de saint Louis. Le grand roi, dans sa prévoyance, avait amené avec lui pour assurer l'avenir de sa croisade des laboureurs et des artisans de toute sorte qui, après la défaite, trouvèrent un asile dans les montagnes du Liban y fondèrent des villages qui subsistent encore aujourd'hui.

Grâce aux bonnes informations prises d'avance par le comte Hubert, au Caire, la petite caravane découvrit sans peine, dans le vallon d'El-Dhemir, le couvent carmélite fondé par les religieux du Carmel. Une hospitalité charmante accueillit nos voyageurs, quand ils se firent reconnaître comme chrétiens et Français, malgré le mensonge de leurs costumes orientaux. Leur dernière station fut faite dans la chapelle, oasis véritable, où le bruit du monde expirait, où la solitude donnait à l'âme une sérénité consolante, et à la pensée une nouvelle direction.

Le comte Maxime était agenouillé sur la pierre nue, devant une dalle de marbre qui recouvrait une tombe. Une voix douce, comme celle d'un ange, caressa son oreille, et dit :

— Lisez cette inscription.

Le jeune homme fit deux pas sur ses genoux, et déchiffra avec beaucoup de peine cette inscription à demi effacée par les siècles :

*A l'éternelle mémoire du glorieux prince, frère du* ROI LOUIS IX, *tué à la bataille de Mansourah, en combattant pour la France et pour Dieu, en*1251.

On ne peut se faire une idée de l'impression produite par ces lignes si simples, qui ont traversé les siècles et ont fondé par une tombe, vrai parchemin de noblesse, la puissance française sur la terre d'Orient.

La même voix ajouta :

— Et maintenant, fils des croisés, noble comte, fils des héros qui ont accompagné saint Louis à Mansourah, et le bailli de Suffren à Pondichéry, vous allez jurer sur cette tombe française du Liban : vous jurez de vivre et d'aller au Mysore, par le détroit d'Ormus, où un roi, l'ami de Louis XVI, attend les secours de la noblesse de France, où la puissance française va s'écrouler peut-être devant l'invasion anglaise. Une femme ordonne, et Dieu écoute votre serment.

Le comte Maxime, ému à cette noble voix qui rappelait les derniers grands évènements de la France monarchique, fit le serment devant Dieu, et pleura.

Et, comme il se levait, il ne vit personne dans la chapelle et fut saisi d'un frisson glacial, car il lui semblait que la voix était sortie de la tombe. Il avait pourtant bien reconnu cette voix.

En sortant il trouva sur le parvis le comte Hubert et son neveu; ils paraissaient profondément émus, et leurs yeux gardaient quelques larmes. Un silence expressif les interrogea; le comte fit un signe et montra la porte du parloir d'un monastère voisin.

— Allez là, dit-il ; vous êtes attendu.

Le jeune comte, se doutant de quelque grand et irréparable malheur, fit un effort suprême pour marcher vers l'endroit indiqué par une parole et un geste si mystérieux. Les pieds ne soutenaient plus cet homme fort.

Le parloir était désert, mais éclairé par un rayon de soleil, ce qui lui donnait un caractère joyeux. Notre jeune comte vit une figure pâle, mais charmante, à travers une grille de bois, et une main exquise de perfection, étendue vers lui.

Il s'approcha et serra cette main.

— Mon frère Maxime, dit la voix de la chapelle, la sœur Marie des religieuses du Carmel priera toute sa vie pour son père et pour vous.

Et la main fut retirée, et la sœur Marie disparut.

Le lendemain, Maxime prit son bâton de pèlerin et s'achemina vers le détroit d'Ormus.

# UN FAIT-PARIS D'HIER

Les portiers de Paris exercent plusieurs industries. Le cordon de la loge est un simple accessoire. Ceux qui gouvernent de *bonnes portes* se livrent surtout au métier d'agents matrimoniaux, et quand ils mènent à bien, c'est-à-dire aux pieds des autels, un jeune ou un vieux couple, ils reçoivent des honoraires proportionnés au rang et à la fortune des époux.

Justin Faviot, commis dans une maison du quartier des Bourdonnais, eut le malheur d'être pris en affection par son portier, qui, trouvant son jeune locataire digne de *subir les lois de l'hymen*, comme disent les tragédies, chercha une jeune fille sage, vertueuse, et même accomplie, la trouva aisément, et fit jouer tous les ressorts de son expérience pour conduire l'affaire matrimoniale au vestibule de l'état civil.

A mesure que le jour du *oui* fatal approchait, Justin Faviot donnait des regrets plus vifs à son célibat agonisant; il eut même le malheur de découvrir un affreux principe de laideur sur le visage de sa femme future, et un exhaussement de l'épaule droite qui blessait trop les règles de la symétrie, quand le châle ou la mantille ne dissimulaient rien.

Un soir il communiqua ses scrupules au portier matrimonial, qui les traita de chimères, défendit l'honneur des nez aquilins exagérés, nivela les épaules de mademoiselle Clotilde, et fit sonner bien haut les 50,000 francs de dot écrits au contrat.

Cette dernière raison fit entrer Justin Faviot dans de meilleurs sentiments. Il aimait l'argent comme tous les commis, et nourrissait le rêve d'ouvrir un bazar, dans la nouvelle rue de Rivoli, à l'enseigne de *Galatée*, pour faire concurrence à *Pygmalion*.

Nous avons tous connu la vénérable rue Béthisy, illustrée par l'hôtel Montbazon et l'assassinat de l'amiral Coligny, chanté, dans l'opéra des *Huguenots*, avec accompagnement de tambour. Les démolisseurs étaient en train d'anéantir cette rue historique, et deux ou trois maisons s'élevaient encore sur un vaste amas de ruines et de pans de murs sillonnés par les tuyaux noirs des cheminées absentes. Justin Faviot, dépaysé par la dévastation de son quartier natal, s'orientait avec des débris d'enseignes et des lambeaux de portes cochères, quand il rentrait à minuit, et sans bec de gaz. Or, comme il traversait au milieu des ténèbres l'ex-rue Béthisy, il heurta du pied un corps résistant et sonore qui le fit trébucher. C'était un vase de cuivre, tout recouvert d'une couche de plâtre, et conservant la teinte du lambeau de maçonnerie avec lequel il venait de s'écrouler sous le marteau de la démolition.

Justin Faviot éprouva une joie et une surprise singulières, car elles étaient modifiées par la crainte d'une déception. Bon nombre de maçons, d'entrepreneurs et d'adjudicataires ont éprouvé ces mêmes sentiments sur les ruines de la Palmyre parisienne, et beaucoup de fortunes mystérieuses ont leur origine dans ces trouvailles étrangères au ciment et à la pierre des vieilles maisons.

A tout hasard, Justin Faviot ramassa la trouvaille, qui était fort lourde, et prit toute sorte de précautions pour dérober aux passants la vue de ce précieux fardeau.

Il trompa même l'œil de son portier, et, s'étant enfermé dans sa chambre, il attendit l'heure du sommeil général pour procéder avec prudence à l'ouverture du vase de cuivre. Ce fut une besogne rude et douce à la fois, car le soin qu'on avait mis à fermer si hermétiquement le vase annonçait déjà le prix de la trouvaille. Enfin, le couvercle fut détaché prudemment, et une couche de chanvre grossier et massif étant soulevée, un trésor, un vrai trésor des *Mille et une Nuits* rayonna sous la lampe, et donna une fièvre subite au jeune commis.

C'était un mélange de pièces d'or à l'effigie de Charles IX, de piastres d'Espagne et de petits lingots d'or, au titre le plus élevé.

Justin Faviot regarda autour de lui, et retint un cri de terreur en voyant sa figure livide dans le miroir de sa chambre. Il s'était pris pour un espion ou un témoin. On tient beaucoup probablement à être seul dans ces occasions solennelles.

Au fond, le jeune Justin Faviot était un honnête homme, malgré sa légitime ambition de commis; sa joie fut donc de courte durée. Ce trésor ne lui appartenait pas; c'était le bien d'autrui, il fallait le rendre.

Un dialogue s'établit alors entre la conscience et le propriétaire.

— Le rendre !... mais à qui?

— Mais à son maître.

— Son maître est mort depuis trois siècles.

— Un trésor a toujours un maître. Il appartient à la maison : Il faut le rendre à la maison.

— Attendons le jour, dit-il : la nuit est la mère des mauvais conseils.

Il plaça son trésor à côté de son oreiller, attendit longtemps le sommeil, s'endormit à l'aube, et fit des rêves d'or. Il crut voir Pygmalion demandant l'aumône à Galathée, devant la tour Saint-Jacques, au coin de la rue de Rivoli.

A son réveil, il embrassa son trésor, et se fit cette question : — Si j'allais consulter un avocat? C'es dangereux, se répondit-il après réflexion.

La conscience se révoltait toujours contre la possession, et la convoitise contre la conscience. Le plaidoyer se prolongeait, et le jugement n'arrivait point. L'ombre de Pygmalion planait sur les débats.

Un coup vigoureux, donné à la porte de la chambre, fit tressaillir le jeune commis.

C'était le portier matrimonial.

— Monsieur, cria-t-il par le trou de la serrure, je viens vous faire souvenir de l'heure du contrat; on le signe chez le notaire, à dix heures précises.

En ce moment, le clocher de Saint-Germain-l'Auxerrois que l'histoire accuse d'avoir sonné la Saint-Barthélemy, les clochers eux-mêmes ne sont pas assurés contre la calomnie! ce vénérable clocher sonna neuf heures.

Justin Faviot, qui avait appris l'histoire au théâtre, pensa subitement à Charles IX et à son trésor : — Oui, oui, se dit-il dans un monologue imité du répertoire de l'Ambigu, oui, au moment où cette même cloche sonnait le massacre, un changeur de monnaies de la rue de Béthisy, un banquier de Coligny et de Montbazon, a enfoui sa marchandise dans le tuyau d'une cheminée, et après, voulant sauver sa vie, il a été tué sur le pont des Arts par la carabine de Charles IX !

Disant cela, il tenait toujours son trésor à deux mains, et ne répondait pas au portier.

— Un demi pour cent de commission... cinquante mille francs de dot... cela fait 250 francs ! Tel était le monologue du portier, pendant l'autre monologue sur le changeur de Coligny.

— M'avez-vous entendu ? cria le portier sur un air de récitatif animé.

Justin Faviot crut entendre la voix d'un fantôme huguenot, et dans un honorable mouvement de loyauté, il s'élança du lit pour restituer le trésor au propriétaire ou à l'héritier du fantôme ; mais cette louable erreur fut rapide comme une pensée folle, il répondit au portier :

— Je m'habille et je cours chez le notaire.

— Où cacherai-je mon trésor ? murmura-t-il en lui-même, et en pirouettant sur ses talons nus.

La petite chambre d'un commis ne présente aucune ressource aux enfouisseurs de trésors. Les entrailles d'un matelas sont suspectes ; la cheminée n'est pas un lieu sûr ; le secrétaire invite la main à l'ouvrir, à cause de son nom, les tiroirs sont toujours soupçonnés de recéler quelque chose. — Cependant l'heure avançait, et Justin Faviot ne pouvait, se disait-il, passer toute sa vie un trésor à la main, et *dans le simple appareil d'une laideur qu'on vient d'arracher au sommeil.*

L'extrême besoin crée l'invention. Notre commis avait acheté la veille une demi-voie de bois, provision d'hiver, et l'avait disposée en désordre dans un petit cabinet noir, à l'angle obscur de sa chambre. La raison dit qu'il faut toujours cacher l'argent dans les endroits où personne ne va le chercher. Donc Jules Faviot fit une coupe sombre dans son bois, plaça son trésor sur quatre bûches énormes, et l'ensevelit ensuite sous un sarcophage de petite futaie. Cela fait, il respira.

La famille de mademoiselle Clotilde était assemblée chez le notaire, et dix heures venaient de sonner. On murmurait parmi les parents. Un oncle, en costume de garde national, avait donné le *la* aux murmures, et à chaque minute le diapason s'élevait. Enfin, le jeune futur arriva, mais dans un désordre de toilette, et gardant sur son paletot brun les traces de son œuvre d'enfouisseur. Le notaire lui dit d'un ton sec et digne :

— Vous arrivez bien tard, monsieur !

On procéda ensuite à la lecture des articles, et le plus essentiel de tous fut accueilli par un éclat de rire nerveux, sorti de la poitrine de Justin Faviot. La dot de cinquante mille francs était garantie par une sucrerie de la Guadeloupe !

— Je n'en donnerais pas cent sols, s'écria Justin Faviot, après l'éclat de rire.

Un chœur de parents irrités éclata tout de suite à l'unisson, d'après le procédé de Verdi.

Jules Faviot, toujours dirigé par les opéras, se souvint de la scène du contrat de *Lucie de Lammermoor*, et s'écria : *Dot ridicule !* sur l'air et avec le *si bémol* de *Dieux secourables* des *Huguenots*.

Et ouvrant la porte, il se précipita sur l'escalier.

Mademoiselle Clotilde s'évanouit, selon l'usage ; l'oncle garde national mit la main sur son sabre, et le notaire murmura trois fois cette réflexion :

— C'est scandaleux !

L'oncle sortit pour tirer vengeance de l'insulte ; mais il ne put rejoindre l'agile commis.

On n'a jamais connu la fin de la scène du contrat. Le notaire, qui tenait à la réputation virginale de son étude, fit jurer aux parents que le plus profond secret serait gardé sur ce scandale de Lammermoor.

Pour se délivrer d'une explication avec son portier matrimonial, Justin Faviot lui donna quinze louis, en lui disant :

— Je ne me marie pas.

— Au fait, vous avez raison, dit le portier, en

comptant les pièces d'or. Mademoiselle Clotilde n'était pas une femme pour vous. Restez garçon.

Justin Faviot, toujours combattu par ses remords, s'enferma pour réfléchir, afin de trouver un honnête moyen de concilier la vertu et le crime, la restitution et la possession.

Ce problème aurait découragé l'Académie des sciences morales. Justin Faviot chercha et crut trouver.

Il donna d'abord sa démission de commis; et, libre de ses actions et ayant vingt-quatre heures de loisir à dépenser de midi à l'autre midi, il étudia le terrain où s'élevait la maison recéleuse, et ayant pris adroitement ses informations, il apprit que l'immeuble de la rue Béthisy appartenait à **M.** Bertrand Zuingle, rentier, actuellement domicilié rue Saint-Honoré, n° 35***.

Il lui fallut perdre encore deux semaines pour connaître les habitudes de **M.** Bertrand Zuingle, et il apprit que, tous les jeudis, à six heures, il dînait chez Voisin, vis-à-vis l'église de l'Assomption. Pour arriver à cette découverte, il avait séduit, avec de l'or, un vertueux commissionnaire Auvergnat.

**M.** Zuingle était un homme d'habitude, comme tous les rentiers; il dînait à la même table, devant la fenêtre du coin, d'où l'œil plonge sur la rue Saint-Honoré. Son signalement était donné. Il ressemblait à tous les propriétaires : air grave, front étroit; cheveux poivre et sel; joues plissées par le souci des termes; bouche large; nez d'un aquilin hyperbolique; paletot brun, avec poches sur les deux côtés; souliers à trois ponts; mouchoir de madras rouge, constellé de tabac; cravate blanche et molle; faux-col insurgé sous les deux oreilles; démarche d'un homme arrivé.

Au premier jeudi, l'ex-commis vient s'asseoir, à cinq heures trois quarts, à côté de la table retenue, et ayant parcouru tous les journaux à la hâte, colonnes des faits-Paris, il garda *la Presse* et attaqua les huîtres qu'on venait de lui servir.

Six heures sonnèrent à l'église, et la dernière huître s'arrêta sur la lèvre de Justin Faviot.

Le légitime propriétaire du trésor entrait d'un pas sacerdotal, et déposait son chapeau sur sa canne, avec méthode et précision.

Il paraissait absorbé par la lecture du journal. Que de fois nos vastes journaux ont servi à cacher la pâleur et les émotions !

— Ne perdons rien par trop de précipitation, pensait Justin; et il paraissait partager son plaisir d'épicurien, en savourant tour à tour une parcelle de ragoût et un fait-Paris.

A six heures et demie, il laissa tomber son poing fermé sur la nappe, et le journal sur le parquet, en disant à demi-voix, sur le ton de l'indignation concentrée.

— Oh! c'est trop fort!

Il ramassa le journal et lui donna les mouvements d'une main fébrile.

M. Zuingle s'inclina vers Justin Faviot, en disant avec un sourire :

— Encore quelque mauvaise nouvelle, sans doute?

Justin salua d'un air distrait et lut à haute voix ce fait-Paris :

« Trois jeunes gens se sont noyés hier dans la Seine, devant l'île Séguin, en voulant se secourir les uns les autres. On devrait placer des cabanes de sauvetage et des chiens de Terre-Neuve de distance en distance sur le littoral de la rivière. Ces accidents malheureux deviennent trop fréquents. »

— Je crois bien qu'ils sont trop fréquents! poursuivit Justin avec feu; la semaine dernière, il y en a eu deux à Bougival, et avant-hier, moi qui vous parle, j'ai sauvé un jeune soldat du 17e à Asnières, et non sans péril, car il s'accrochait à moi et se débattait comme une baleine qu'on harponne; enfin, Dieu est venu à mon secours, je l'ai sauvé.

— Très-bien! très-bien! jeune homme, dit M. Zuingle ému; permettez-moi de vous serrer la main.

Justin Faviot rougit, et répondit en bégayant qu'il

ne méritait pas cet honneur pour une action si simple, et il se laissa serrer la main.

La conversation s'établit ensuite sur toute sorte de sujets. Faviot apprit que M. Zuingle passait la belle saison à sa maison de campagne de Saint-Leu-Taverny ; qu'il ne rentrait même qu'en novembre, et qu'il venait à Paris une fois par semaine pour soigner des affaires d'intérêt. On se serra de nouveau la main en se séparant.

— Marchons au but, pensait Justin ; la conscience me dit de rendre le trésor tout de suite ; laissons parler la conscience ; elle m'absoudra plus tard.

Inutile de dire que tous les jeudis Faviot, qui dînait là toute la semaine, rencontrait M. Zuingle. On arriva donc bientôt à l'intimité. Le dernier jeudi d'octobre, Faviot profita de la tournure de la conversation pour demander à M. Zuingle s'il était d'origine allemande. On venait d'épuiser une bouteille de chambertin sans mélange d'eau.

— Je suis, en effet, d'origine allemande, dit M. Zuingle, et j'appartiens à la famille de l'ami de Luther et de Mélanchthon. Un de nos aïeux était receveur aux gabelles, et notre maison patrimoniale s'élevait dans la rue Béthisy. Je dis *s'élevait,* car vous savez que la démolition n'a pas même respecté, dans notre quartier, le palais de Philippe le Bel. Quand il fut permis aux protestants de rentrer en France, ma famille repassa le Rhin, et, comme elle avait acquis une fortune dans le Palatinat, elle racheta notre maison de la rue Béthisy. Il est bien cruel de voir tomber des murailles où sont inscrits les précieux souvenirs légués par les pères à leurs enfants.

M. Zuingle essuya deux larmes et reprit son sourire. Justin Faviot pleura aussi, mais sous l'impression d'un autre sentiment; cette sensibilité trompeuse lui rendit un véritable service, car le rentier s'imagina naturellement que Faviot pleurait aussi sur la destinée de la maison, et s'associait à sa douleur.

L'automne arrivé, M. Zuingle s'installa dans sa maison de la rue Saint-Honoré avec sa famille, et dit à Faviot :

— Je reçois tous les mercredis. Votre visite me sera toujours agréable, mon jeune ami.

Il fut exact au premier mercredi, comme on le pense bien. Sa toilette était irréprochable; les commis ont du goût. Il ressemblait à un jeune homme né dans un hôtel du noble faubourg. Son entrée seulement fut un peu gauche; il est plus facile de s'habiller au dernier goût du jour que d'entrer avec une distinction simple dans un salon éclairé aux bougies. Toutefois, ce pas de novice ne fut pas remarqué.

— Je vais vous présenter à ma famille, lui dit M. Zuingle, après un énergique serrement de main.

Madame Zuingle, une belle-sœur d'âge mûr, et trois

fils composaient la famille de M. Zuingle. Justin Faviot n'avait jamais questionné le rentier, et il s'attendait à trouver au moins une jeune fille. Ce fut donc un cruel désappointement. Son beau rêve s'évanouissait. Il se mit à l'écart, dans un petit salon désert, pour se recueillir et prendre une détermination. La méditation réveilla les sentiments honorables trop longtemps endormis et lui rendit un peu de calme. Rien n'est lourd à porter comme l'or d'autrui.

— Oui, se dit-il, ma vie est intolérable; je serai léger de cœur et d'esprit quand j'aurai fait ma restitution au propriétaire de la rue Béthisy.

La vertu a sa volupté. Justin Faviot était joyeux comme un homme qui a fait fortune, et il allait perdre celle qu'il croyait avoir conquise. Décidément, l'or ne fait pas le bonheur.

Ayant formulé les termes de sa confidence et de sa révélation, avec le plus de précision possible, il rejoignit, dans le grand salon, M. Zuingle, et lui dit à l'oreille, d'un ton mystérieux :

— J'ai quelque chose de très-important à vous dire en secret.

— Je suis à vous, mon jeune ami, — dit M. Zuingle avec la préoccupation d'un maître de maison qui donne une soirée, — je suis à vous... mais, auparavant, je vais vous présenter à ma sœur et à ma nièce... elles habitent Versailles... par économie... les petites rentes

aiment les petites villes... Ma sœur est veuve... veuve de
M. Desproux... un petit rentier... Ma nièce Augustine
n'est pas mariée... que voulez-vous ?... c'est la faute du
siècle... pas de dot... Je lui assure, moi, une pension
viagère de deux mille francs... ce n'est rien... la modiste et la lingère absorbent tout... Sous le Directoire,
on s'habillait avec quatre aunes de percale, comme
dans les tragédies... aujourd'hui, une robe de cinq
cents francs est un négligé du matin... Je vais vous
présenter.

Madame Desproux et sa fille Augustine accueillirent
par un leger salut le jeune homme présenté. Faviot
n'eut pas le temps d'examiner la figure de la nièce,
car M. Zuingle lui dit :

— Maintenant je suis à vous pour la confidence en
question.

Justin Faviot s'était trop hâté. Mais comment supprimer la confidence? M. Zuingle l'entraîna dans une
chambre, le fit asseoir, et lui dit :

— Parlez, je vous écoute ; personne ne viendra
nous déranger ici.

L'ex-commis n'était pas improvisateur, et il ne savait quel parti prendre pour se tirer d'embarras. Des
syllabes et des sons tombaient de ses lèvres et annonçaient un trouble dont M. Zuingle ne pouvait se rendre
compte.

— Voyons, voyons, disait-il, commencez..... On

peut à chaque instant me réclamer au salon.....

— Oui... oui... disait Faviot, en cherchant au plafond une confidence. Oui... Voici... M. Zuingle... Voici la...

— Voici... quoi! Mon jeune ami... Allons, du courage...

Justin Faviot ne trouvait rien. Alors Zuingle lui prit la main en souriant et lui dit d'un ton paternel :

— Je vais vous aider, mon jeune ami...

— Oui, aidez-moi, M. Zuingle; vous me rendrez service.

— J'ai tout compris... tout deviné... je sais tout...

Faviot imprima un mouvement de recul à son fauteuil, et dit à voix basse :

— Vous savez tout!

— Oui, mon jeune ami... C'est le privilége de l'expérience... La jeunesse ne sait rien cacher, la vieillesse sait tout découvrir...

— Eh bien! oui! je suis un...

Et Faviot allait faire la confidence du trésor; Zuingle lui ferma la bouche.

—Vous êtes un honnête homme, un excellent garçon, interrompit Zuingle; vous êtes un noble cœur... Vous saviez que j'avais une nièce... Avouez que vous le saviez... Vous le saviez! bien!... Je vais parler pour vous maintenant... Vous m'avez demandé un entretien secret pour me demander ma nièce en mariage!...

Ah ! convenez que j'ai le coup d'œil pénétrant !

Un éclat de rire triomphal accompagna ces derniers mots. L'ex-commis garda la pose de l'immobilité.

— Vous allez me traiter de sorcier, poursuivit Zuingle en éteignant son rire sur une gamme descendante, mais je ne mérite pas cet honneur. C'est de la simple expérience combinée avec l'observation... Je sais observer, voilà tout, et j'ai soixante ans,... mon cher neveu. Je vous donne ma nièce Augustine. Nous avons déjà causé de ce mariage avec la mère ; c'était un projet en l'air. C'est un fait accompli. Dans peu d'instants, une de ces demoiselles va se mettre au piano ; on dansera quelques quadrilles ; vous engagez Augustine, et vous préparez habilement votre première démarche officielle de futur mari.

M. Zuingle serra la main de Faviot et sortit de la chambre en faisant le signe amical :

— Allez donc.

Justin gardait sa contenance de statue, et l'amour de la possession lui rentrait au cœur insensiblement. La conscience capitulait. — Ma foi, se disait-il, Dieu m'est témoin que j'ai fait une démarche pour restituer le trésor à Zuingle, et Zuingle a refusé de m'entendre ; tant pis pour lui ! S'il avait eu une fille, je l'aurais épousée de grand cœur, malgré mon aversion pour le mariage, mais sa nièce ! Allons donc ! Jamais ! Mes scrupules sont absurdes. J'ai consulté l'histoire ; le trésor remonte à 1572 ; il y a prescription. C'est un argent qui me tombe du ciel ; il n'appartient à personne. Donnons-en la moitié aux pauvres et gardons le reste pour moi. Ce que le ciel nous envoie, il faut le prendre sous peine de passer pour un ingrat.

Cela dit, ou pensé, Justin Faviot se leva et chercha une issue secrète pour gagner l'escalier ; mais l'œil d'une mère veillait sur lui. M. Zuingle avait déjà tout conté à sa sœur, madame Desproux. Mademoiselle Augustine, âgée de vingt-sept ans, aurore des femmes, vieillesse des jeunes filles, avait éprouvé un accès de joie nuptiale qui se manifestait par une explosion écarlate sur les deux joues.

— Enfin ! lui disait la mère ; enfin, ma chère fille, il était temps ! Je me suis mariée à quatorze ans, moi ! il est vrai qu'alors la plus belle robe coûtait deux louis.

Dans l'état d'exaltation où elle se trouvait, madame Desproux oublia les convenances ordinaires, et s'apercevant que Faviot avait l'air de chercher quelque chose d'un air agité, elle dit à sa fille :

— Il nous cherche ; sa délicatesse a fait le premier pas, faisons le second.

Elle se leva, et s'approchant de Faviot, elle lui dit :

— Mon frère vient de nous annoncer vos bonnes intentions. Une mère est toujours heureuse quand le mari proposé pour sa fille est un jeune homme de bonne conduite et d'honneur.

Au moment même, Zuingle s'avança et dit d'un ton joyeux :

— C'est une affaire faite !

Et se retournant vers la société, il éleva solennellement la voix, et ajouta :

— Mes amis, je suis heureux de vous annoncer une bonne nouvelle et de vous présenter mon neveu, Jules Faviot, qui épouse ma nièce, Augustine Desproux.

Justin reprit son rôle de statue et inclina automatiquement la tête comme la statue du Commandeur. Les hommes et les femmes se levèrent et vinrent serrer la main du futur neveu.

— Quelle émotion il éprouve, ce brave garçon ! disaient les hommes.

— Il aime ! disaient les femmes.

On conduisit triomphalement le pauvre Justin devant le fauteuil de mademoiselle Augustine. La fiancée pleurait de joie, et ses larmes ne l'embellissaient pas.

Il y a des femmes jolies et des femmes qui ne le sont pas. Les femmes laides sont très-rares. Mademoiselle Augustine appartenait à cette dernière catégorie. Sa laideur était idéale. Elle foudroya l'ex-commis, dont le bon goût, formé par les opéras, ne rendait hommage qu'à la beauté. Pour comble de bonheur, deux jeunes filles de quinze à seize ans, deux anges ! l'une blonde, l'autre brune, encadraient la laideur paradoxale de mademoiselle Augustine et ravissaient le regard de Faviot. Le paradis de la vie était dans le cadre, l'enfer dans le tableau. Quel bonheur, pensait Faviot, d'épouser la moitié du cadre! Quel supplice !... Non, je ferai la même chose une seconde fois... Encore la scène du contrat de *Lucie de Lammermoor!* Mais, cette fois, je n'irai pas jusqu'au notaire, probablement.

Il parlait ainsi dans sa pensée, et en même temps il se mêlait par des monosyllabes à la conversation générale. Quelle émotion ! disaient toujours les hommes. Il aime ! disaient toujours les femmes... Le monde est toujours aussi habile dans ses observations.

M. Zuingle ne put résister à son émotion en voyant ce touchant tableau d'un jeune marié bouleversé par son bonheur; il embrassa étroitement son futur neveu, et lui donna le grade de fils, en le nommant *mon fils* en présence de tous les invités.

Une éruption longtemps contenue éclata dans un accès de délire; Justin Faviot se dégagea brusquement des bras de son père en criant :

— Allez-vous-en à tous les diables !

Et bondissant vers la porte, il disparut.

Cette fois, la pétrification opéra sur toute la société. Le salon ressembla subitement à un musée de statues. Dès que la vie rentra dans cette collection de marbres, on se questionna mutuellement et on ne se répondit pas. L'énigme était insoluble; tous les yeux cherchaient le mot au plafond. Le mot restait absent.

Madame Desproux et sa fille formaient un groupe à part : Niobé embrassant Ariadne.

A minuit, on cherchait encore le mot, lorsqu'un domestique apporta une lettre *pressée* à l'adresse de M. Zuingle. Elle était de Faviot, et écrite au bazar de *Pygmalion*. Toute l'histoire du trésor de la rue Béthisy se déroulait en quatre pages, et Faviot mettait l'or des Zuingle à la disposition de cette famille, pour décupler la dot de mademoiselle Augustine et la consoler d'un malheur dont personne n'était coupable. Cet acte de probité, ajoutait la lettre, avait si fort touché le maître du bazar de *Pygmalion,* qu'une excellente place de commis intéressé aux bénéfices avait été offerte à Faviot et acceptée. Quand un jeune homme, avait dit le maître, fait une si noble action, il est digne d'une confiance illimitée; il est lui-même un trésor dans une maison de commerce; on peut mettre en ses mains les clefs de tous les coffres-forts.

Une réaction d'enthousiasme éclata en faveur de Justin Faviot. Mademoiselle Augustine et sa mère séchèrent leurs larmes en apprenant la nouvelle d'une fortune si inattendue. Vingt maris se levaient l'horizon.

Le lendemain, M. Zuingle reconquit le trésor de ses pères, et dit au vertueux Faviot, sur le ton d'un homme riche qui fait une offre sérieuse :

— Je veux vous commanditer ; vous aurez votre boutique à l'enseigne de *Galathée*.

— Oh ! non, répondit Justin, je craindrais que ma concurrence ne portât préjudice à *Pygmalion*. Donnez, comme supplément de dot, l'argent de la commandite au mari de mademoiselle Augustine.

— Vraiment! dit Zuingle, vous méritez le prix Monthyon !

— Ceux qui le méritent ne devraient jamais le recevoir, répliqua Faviot. La récompense punit la vertu.

— Et mon amitié, reprit Zuingle, la refuserez-vous aussi ?

— Non, ce sera mon prix de vertu

# CHRONIQUE DU BOSPHORE.

Avant tout, je dois rassurer les paisibles lecteurs : ce titre n'a rien qui doive les alarmer ; il ne s'agit d'aucune question d'Orient, d'aucune guerre diplomatique, d'aucun passage des Dardanelles.

Mon histoire n'intervient en aucune façon dans les affaires politiques du moment, et ne compliquera point les embarras contemporains.

Le Bosphore (1), dont je vais parler, est bien celui que traversent peut-être les flottes combinées, apportant la paix ou la guerre dans les plis de leurs voiles ; mais c'est aussi le Bosphore d'Héro et de Léandre, le Bosphore de lord Byron, et de la poétique vierge d'Abydos.

Entre ces deux Bosphores, j'ai toujours mieux aimé

---

(1) Les anciens appelaient *bosphore* tout détroit qu'un bœuf pouvait traverser à la nage.

le dernier, et mes pacifiques lecteurs seront de mon avis.

Entre Abydos et Dardane, on voyait encore, à la fin du seizième siècle, une vieille tour qui rappelait à l'imagination du voyageur l'antique tour d'Héro, où périt Léandre.

Là vivaient, dans l'isolement du désert, deux femmes, toutes deux Grecques et chrétiennes, la mère et la fille; n'ayant que la Providence pour soutien, que le soleil pour témoin de leur pauvreté, que Dieu pour entendre leurs prières de chaque jour.

Pendant les mauvaises nuits de tempête et d'orage, quand les courants venus de la Propontide étaient dangereux aux mariniers et aux pêcheurs, la jeune Donyse montait au sommet de la tour, par un escalier en ruines, et allumait une lanterne pour servir de guide aux navires ou aux barques.

Héro éclairait le phare de l'amour, Donyse celui de la charité!

Irène, la mère de Donyse, remplissait ainsi un vœu que son mari avait fait à Notre-Dame-de-la-Mer, dans une nuit orageuse, où sa barque fut préservée d'un écueil par le rayon d'une étoile miraculeuse.

La pauvre mère grecque n'avait pas cru que la mort de son mari la déliât de son vœu; elle continuait la bonne œuvre, et, dans son indigence, se privait des choses les plus utiles, pour ajouter à son épargne l'obole nécessaire au phare des mauvaises nuits.

Irène et Donyse ne sortaient de leur retraite que les jours de grande solennité chrétienne ; le seul ami qu'elles eussent au monde, le pêcheur Zaccarous, venait alors aborder avec sa barque au pied de la vieille tour, et les transportait de l'autre côté du Bosphore, où s'élevait la seule chapelle chétienne des deux rives.

Le même pêcheur rendait aussi des services précieux aux deux pauvres solitaires en vendant pour leur compte, dans les marchés les plus éloignés, les produits de leurs travaux d'aiguille et de navette, ou le superflu des modestes récoltes de leur petit jardin.

Il y avait toutefois beaucoup de charme et de douceur dans cette existence, faite de travail, de méditation et de prière.

Les âmes pleines de foi qui s'habituent à l'isolement ont des entretiens continuels avec le Ciel, et n'envient rien aux frivolités, aux tumultes, aux distractions des sociétés humaines. Irène et sa fille voyaient passer devant elles les navires de l'Hellespont ou de la Propontide, et non-seulement elles ne portaient nulle envie au bonheur des passagers, mais elles plaignaient le sort de tant d'existences orageuses, qui s'en allaient ainsi s'agitant à travers les flots et les demeures des hommes, pour chercher le bonheur humain, ce fantôme qui habite un tombeau, et dont on n'embrasse la réalité que dans le voisinage du Ciel.

Avec ces idées pieuses, sans cesse entretenues par le spectacle de la mer et du soleil, la solitude est douce aux yeux et au cœur.

On comprend Jérôme et Paul, les anachorètes qui n'avaient besoin que de Dieu ; on comprend les enchantements de la Thébaïde, les grâces du désert, la vie du monologue pieux, éteint seulement, ou, pour mieux dire, suspendu par la mort.

Cette joie suave, ou plutôt cette fête perpétuelle qui vient d'une conscience pure, aurait suffi au bonheur de la mère de Donyse ; mais, par momens, une pensée triste faisait tressaillir Irène et arrachait une larme de ses yeux.

Toutes les fois que les deux recluses traversaient le bras de mer pour aller sanctifier une solennité catholique à la chapelle de Notre-Dame, la mère, qui entendait le murmure d'admiration élevé autour de la beauté de Donyse, ne manquait jamais de se dire :

— Un jour, elle ne sera plus à moi ; elle sera la compagne d'un autre ; Dieu a créé la femme pour donner de nouveaux croyants à son Église ; le mariage est une institution divine et la base de la société chrétienne. Mais je souffrirai trop de douleurs quand je serai seule ; voilà le sort qui m'attend, puisque, dit l'Écriture, la jeune fille doit tout abandonner pour suivre son mari. Cela est juste, d'ailleurs, comme toute loi qui vient du Ciel.

Un jour, c'était le dimanche des Rameaux, fête charmante, que le premier soleil du printemps éclaire toujours dans les beaux pays, et qui jonche de palmes et de rameaux d'olivier le parvis des chapelles.

Irène et Donyse, portant leurs rameaux bénits, s'en revenaient, la messe dite, et traversaient, pour regagner leur barque, un vaste champ d'oliviers, qui avait fourni les verts ornements de la fête.

Elles s'assirent, non loin de la rive, à l'ombre d'un massif de tamaris et de pourpiers de mer, auprès d'une source d'eau vive, pour prendre un repas très-frugal, et, ayant d'abord sanctifié leur entretien par les souvenirs de l'admirable évangile du jour, elles s'abaissèrent aux choses profanes, et Donyse dit à sa mère :

— L'envie est une grande faute devant Dieu, n'est-ce pas?

— Ton catéchisme te l'apprend, ma fille, répondit Irène.

— Mais lorsque l'intention est bonne, ma mère?

— Dieu seul juge les intentions.

— Eh bien! ma mère, il jugera la mienne... Écoute... Je porte envie au maître de ce champ d'oliviers; et voici pourquoi... L'autre soir, le soleil s'était couché dans de petits nuages rouges, et nous avons dit, il fera beau temps demain, et la nuit sera belle. Le soleil trompe rarement; mais il nous a trompées cette fois. La Tramontane a soufflé vers minuit; les bâtiments ont fait des avaries; une tartane a sombré dans le canal, et quand nous nous sommes réveillées, le ciel était toujours noir, et la tempête soufflait toujours...

— Mais, interrompit la mère, quel rapport tout cela peut-il avoir avec ce champ d'oliviers et avec le péché de l'envie?

— Voici le rapport, ma mère, dit Donyse en souriant : si le soleil nous trompe, à qui nous confierons-nous le soir, quand nous allons nous endormir? Avec quelle tranquilité nous verrions approcher l'heure de notre sommeil, si nous étions assez riches pour entretenir, toutes les nuits sans exception, le fanal de la tour ! Il faut vous dire, ma mère, que c'est là mon rêve, la nuit, et mon idée fixe, le jour; avoir un beau phare comme celui de Mitylène, un vrai soleil de nuit ! toujours éclairé depuis le crépuscule du soir jusqu'à l'aurore ! Eh bien! si ce champ d'oliviers m'appartenait, la plus faible partie de sa récolte d'huile nous suffirait pour allumer ce soleil, depuis le premier jour de l'an jusqu'au dernier. Nous tiendrions beaucoup plus que mon père n'a promis. Voilà ma seule ambition dans ce monde.

— Pauvre fille ! dit la mère en embrassant Donyse, Dieu t'écoute en ce moment, et il exaucera tes vœux; jamais on n'en fit de plus modestes. Tu sanctifies l'ambition.

Les deux femmes se levèrent et marchèrent vers le rivage, où la barque les attendait dans une petite anse bordée de pins.

Quelques jeunes gens de familles chrétiennes arrivaient aussi sur le même point, de divers côtés, soit dans l'intention de jouir d'un spectacle que la mer, le soleil et le printemps faisaient si beau, soit pour regarder une dernière fois la jeune et belle chrétienne, qui s'embarquait, son rosaire à la main, sans avoir d'autre pensée au cœur que celle de Dieu et de la charité.

Après les fêtes de Pâques, la mère de Donyse fut atteinte d'une grave maladie, et tous les travaux de jardinage et de couture furent suspendus, car la jeune fille passait toutes ses nuits et tous ses jours à côté du grabat d'Irène, lui prodiguant les soins les plus tendres, et, à défaut du secours des hommes, appelant avec la prière le secours de Dieu.

Malgré ses douloureuses préoccupations, Donyse ne négligeait jamais le service sacré du phare ; mais elle voyait arriver avec désespoir le moment inévitable où, toute ressource manquant, cette étoile des mauvaises nuits devait s'éteindre pour toujours, et laisser les écueils voisins dans leurs périls ténébreux.

Les semaines et les nuits s'écoulaient, Irène n'était plus en danger de mort, les soins de sa fille l'avaient arrêtée devant la tombe ; cependant la convalescence se traînait pénible; le travail subissait toujours les mêmes interruptions ruineuses; plus de ventes aux marchés, plus de provisions d'aucune espèce, ni pour la nourriture de chaque jour, ni pour l'éclairage de chaque nuit.

Les deux pauvres femmes étaient arrivées à cette heure suprême du malheur, qui porte avec elle une consolation étrange; c'est l'heure décisive, où la Providence vient en aide à la foi qui n'a pas désespéré d'elle, et qui a lancé vers le ciel ce verset du Psalmiste :

*In te, Domine, speravi !*

Aux dernières lueurs du crépuscule, Donyse, accoudée sur une fenêtre de la tour, feuilletait l'Évangile, livre divin où le croyant affligé trouve tous les remèdes, toutes les consolations.

Un passage frappa la jeune fille; il semblait se détacher du chapitre comme si chaque lettre eût resplendi d'une auréole :

*Si Dieu prend autant de soins de l'herbe agreste qui est verte aujourd'hui, et qui demain est jetée dans un four, que ne fera-t-il pas pour vous?* (1)

Les plus grands philosophes n'auraient jamais trouvé ce cri sublime; il est venu du Ciel sans passer par la lèvre de l'homme; c'est l'écho direct de la pensée de

---

(1) Si fenum agri quod hodie est et cras in clibanum mittitur Deus sic vestit, quanto magis vos !

Dieu ; le cœur, l'oreille de l'âme, tressaille en entendant cette parole émouvante, et le pied qui chancelait se raffermit et marche dans le sillon providentiel, sans craindre de se heurter à la pierre du chemin.

Donyse ferma le livre saint, et sa figure, qui jusqu'à ce moment avait eu la beauté des filles des hommes, prit cette expression séraphique qui est la beauté des vierges du Ciel.

Sa pauvre mère venait de s'endormir ; la nuit tombait ; des murmures sourds montaient de la rive et se glissaient, comme des plaintes, à travers les lézardes de la vieille tour.

Donyse monta au sommet pour donner au fanal de sauvetage les derniers aliments qui restaient au cellier, et vint ensuite, sa prière faite, s'endormir au pied du lit de sa mère, avec un cœur rempli d'espoir.

Le lendemain elle se leva au point du jour, selon son usage, pour voir si la nuit n'avait amené aucun malheur sur la rive, et comme elle avançait timidement son pied nu sur l'escalier fruste taillé dans le roc, au pied de la tour, elle recula de surprise en découvrant une grande quantité d'outres liées ensemble et amoncelées avec symétrie, comme à l'étalage d'un bazar.

Il était facile à voir, à leur teinte, que ces outres contenaient une ample provision d'huile combustible, et il fallait admettre, du moins pour le moment, qu'elles tombaient du Ciel, comme une aumône de Dieu.

Car rien n'annonçait qu'un homme eût franchi, pendant la nuit, les hautes murailles de l'enclos et du jardin.

Il était d'ailleurs impossible de croire qu'un pourvoyeur charitable et terrestre avait deviné si bien et si à propos la pénurie du cellier oléagineux, puisque personne au monde ne connaissait le secret des deux femmes, et le vœu légué par le pêcheur de la tour.

Donyse s'agenouilla sur le rocher, et lança vers le Ciel une de ces ardentes aspirations qui résument la plus longue prière d'actions de grâces; puis elle courut annoncer le prodige à sa mère, avec les ménagements et les préparations si nécessaires à la faiblesse d'une convalescente.

Irène joignit les mains, et un léger mouvement de ses lèvres annonça la prière mentale qui remerciait Dieu. Ensuite, se tournant vers sa fille, elle lui dit:

— Tu l'as bien souvent lu dans les livres saints; un oiseau, messager du ciel, apportait le pain de chaque jour aux anachorètes de la Thébaïde. La Providence veille toujours sur ceux qui prient au désert. La créature isolée jouit de toutes les complaisances de Dieu, parce que les hommes ne peuvent la voir et la secourir.

— Ainsi, bonne mère, dit Donyse, vous croyez fermement que tout cela nous vient du Ciel, comme le pain de l'anachorète ?

— Tout vient du Ciel, ma fille ; si la main d'une créature humaine a déposé ces outres d'huile devant la tour, c'est toujours Dieu qui a conduit cette main. Le miracle est le même. Quand l'homme fait une bonne action, il est inspiré de Dieu ; notre reconnaissance doit d'abord monter au Ciel, et descendre ici-bas ensuite ; mais en remerciant Dieu, on ne se trompe jamais sur le bienfaiteur.

— C'est que, ma mère, ajouta Donyse, nous ne connaissons personne, hormis notre vieux et pauvre marin ; nous n'avons dit nos secrets à personne ; ainsi, notre reconnaissance ne peut pas se partager, il me semble ?

— Si cela est ainsi, reprit la mère, donnons-la toute à Dieu.

Une bonne nouvelle est le meilleur des remèdes pour donner la convalescence aux malades et la santé aux convalescents.

Irène essaya un instant ses forces, et se sentit toute disposée à descendre au pied de la tour, où l'appelait une curiosité bien naturelle, car il s'agissait pour deux pauvres femmes de la découverte d'un trésor.

Appuyée sur le bras de Donyse, Irène descendit donc sur le rivage, et vit de ses propres yeux le miracle de la nuit, le présent du Ciel.

Une pensée de noble avarice la décida tout de suite à cacher le trésor dans les entrailles de la terre, et à le ménager, comme si les outres eussent contenu des gouttes d'or pur.

Une nouvelle surprise attendait en ce moment les deux femmes : lorsque la mère voulut délier le nœud principal de cette énorme grappe d'huile, elle découvrit encore une petite bourse de cuir, contenant quelques pièces d'argent.

Cet accessoire ramena la pensée des deux femmes sur un acte de bienfaisance purement humain.

La main d'un généreux inconnu était cachée sous le mystère du bienfait.

On est obligé de garder ce qu'il est impossible de rendre.

Les exigences du besoin obligent même les malheureux à se servir d'un argent dont la restitution est impossible. Irène et Donyse firent la seule chose qui était en leur pouvoir dans cette circonstance ; elles prièrent Dieu d'acquitter leur dette, en récompensant le bienfaiteur.

La nuit venue, le phare, malgré les projets d'économie, répandit sur les écueils voisins une clarté si nouvelle, qu'elle excita un étonnement très-vif chez les familles des pêcheurs qui traversaient le Bosphore dans leurs barques.

Ce luxe d'illumination, dans une nuit calme, parut

difficile à expliquer; mais les intéressés s'y habituèrent, après quelques nuits, comme les créatures ingrates s'habituent au soleil, sans songer à Dieu.

Le rêve de Donyse enfin se réalisait dans toute sa splendeur; son phare éclipsait celui de Mitylène.

Les bonnes ambitions réussissent quelquefois.

Une nuit, Irène fut réveillée en sursaut par des voix confuses qui montaient de la tour : elle se leva, sans faire le moindre bruit, pour ne pas réveiller sa fille, et s'approcha de la fenêtre pour voir quelle espèce de visiteurs nocturnes venaient de débarquer sur son petit domaine.

Grâce aux rayons du phare, le terrain était éclairé comme en plein jour, et ce que la pauvre Irène aperçut n'avait rien de fort rassurant.

Du premier coup d'œil, elle reconnut une bande de pirates de l'Archipel; ils étaient nus jusqu'à la ceinture et armés jusqu'aux dents.

Leur petite goëlette, amarrée aux anneaux du débarcadère, n'avait pas serré ses voiles, et ressemblait à un oiseau de proie un instant arrêté sur un écueil, et tout prêt à déployer ses ailes au moindre péril.

Irène fit le signe de la croix, comme si elle eût aperçu une armée de démons.

Mais les mauvais esprits terrestres ne s'envolent pas devant ce signe comme les autres; les forbans regardèrent la porte de la tour et la touchèrent ensuite, comme pour s'assurer si elle était bien ou mal close ; après, ils examinèrent avec une attention suspecte la tour, en se communiquant à voix basse leurs idées comme des assiégeants qui méditent un assaut de surprise.

En voyant ces formidables préparatifs, la pauvre mère s'éloigna de la fenêtre, et, toute palpitante de terreur, elle s'assit à côté du lit de sa fille, pour attendre une bonne inspiration du Ciel.

Donyse dormait sous les ailes de son ange gardien, et sa mère n'osait pas la troubler dans ce sommeil d'innocence, qui change les rêves des vierges en visions du paradis.

— Est-il possible, pensait Irène, qu'une action charitable nous ait procuré ces horribles dangers des nuits? Mon Dieu! serait-ce là notre récompense des bonnes œuvres? Nous avions lu dans les livres saints cette belle parole :

« Éclairez ceux qui marchent dans les ténèbres. »

Nous avons suivi ce précepte, et cette lumière, destinée à secourir les malheureux, a servi de guide aux brigands des îles, et les attire chez nous !

Alors, la mère désolée se rappelait toutes les effrayantes histoires racontées aux veillées des cabanes de l'archipel voisin.

Elle frémissait au souvenir de tant de jeunes filles enlevées par les pirates de Paros, de Cérigo, de Candie, et que les mères n'avaient jamais revues, soit que ces belles victimes eussent expiré dans les grottes des montagnes, soit qu'elles eussent été vendues aux pourvoyeurs des harems de la Cirénaïque.

Il y eut même un instant où la pauvre mère de Donyse cessa d'être chrétienne : dans une excitation d'héroïsme profane, elle regarda sa fille, elle regarda un poignard suspendu au mur, et, doutant de la Providence, elle médita deux crimes, qui devaient ne laisser que deux cadavres aux bandits.

Puis, la chrétienne l'emporta ! Irène demanda le pardon de son doute, s'agenouilla, et attendit, dans une sainte résignation, ce qui était dans les desseins de Dieu.

Trois coups frappés à la porte de la tour firent tressaillir Irène, et lui inspirèrent ensuite une résolution digne d'une mère et d'une chrétienne.

Elle réveilla sa fille, et lui dit, à voix très-basse :

— Ne fais aucune objection à ce que je vais te demander ; obéis à ta mère, lève-toi.

Donyse se leva, sans proférer une parole ; Irène la couvrit d'un manteau palicare, et, la prenant par la main, elle la conduisit dans une petite chambre contiguë à la tour, et comme suspendue sur une corniche saillante.

Il y avait là des débris de toute espèce, reliques vermoulues de cinq siècles. Irène ménagea une retraite sûre à sa fille dans cet amoncellement de choses poudreuses et sans nom, et lui dit :

— Ma fille, Dieu te parle par ma bouche ; tu resteras ici jusqu'au lever du soleil ; le grand jour venu, tu sortiras, et tu iras où la Providence doit te conduire.

Cela dit, la mère embrassa tendrement sa fille, et descendit d'un pas ferme l'escalier de la tour.

Les pirates avaient frappé une seconde fois, mais à coups ménagés, comme des gens qui craignent de réveiller en sursaut des locataires susceptibles. Irène ouvrit la porte et se présenta fièrement aux bandits.

Sa prière d'agonie était faite ; elle avait préparé sa mort.

— Pardonne-nous notre visite à cette heure, dit un homme qui paraissait le chef, mais nous sommes des gens de nuit, nous ; le jour nous fait peur... Où est ta fille ?

— Je n'ai plus de fille, répondit vivement Irène.

— Ah ! tu l'as donc perdue cette nuit ? Voilà notre camarade Rodokanos qui a vu ta fille hier matin.

Irène fut saisie d'un frisson convulsif ; sa lèvre, paralysée par la terreur, n'articula rien.

— Elle a peur, cette bonne mère, je vois ça, poursuivit le pirate d'un ton amical. Nous ne voulons pas vous faire du mal, au contraire.

Et il tendit la main à Irène, qui retira la sienne,

comme elle eût fait devant l'aiguillon d'une couleuvre.

Les autres pirates formaient un demi-cercle autour de leur chef, et ils témoignaient par leurs gestes et leur attitude qu'ils venaient en amis, et non en écumeurs de mer.

Irène, qui connaissait l'astuce profonde des insulaires, s'obstinait à voir un piége dans le langage et la conduite de ces hommes, et ses terreurs maternelles étaient plus vives que jamais.

Enfin, il fallut bien se rendre à l'évidence; le chef des pirates reprit la parole, et dit, en montrant les montagnes de l'aurore :

— Bonne mère, voici notre ennemi le jour qui va se lever; nous allons remettre à la voile, et quand nous serons partis, tu reconnaîtras qu'il n'y avait aucun piége dans nos paroles, et tu auras quelque repentir de nous avoir si mal reçus.

« Nous sommes des pirates, c'est vrai; nous sommes ce que furent nos pères; il n'y a pas d'autre métier honorable dans l'Archipel. Nous faisons le mal quand l'occasion nous y pousse violemment; nous faisons le bien avec beaucoup plus de plaisir.

« L'homme de mer est toujours bon, en dépit de son genre de métier.

« Quand chaque minute du jour et de la nuit peut sonner notre agonie, nous restons chrétiens, autant que nous le pouvons; et si nous sommes encore parmi les vivants, à l'âge où le pied n'est plus marin, nous cherchons une grotte tiède dans la grande île de Candie, et les pirates se font ermites.

« Le diable est attrapé, et se mord les griffes ; tant pis pour lui, il nous a mal surveillés.

« Notre ange gardien a été plus fin.

« Cela veut dire, bonne mère, que nous avons été touchés nous tous, touchés vivement de voir deux femmes, pauvres comme deux Job, économisant toutes deux sur leur misère pour entretenir un phare par pure charité envers les marins. Nous venions te remercier, toi et ta fille ; tu ne veux pas réveiller ta fille, eh bien, laisse-la dormir, la pauvre enfant.

« Nous allons partir et nous te laissons deux choses comme souvenir : voici d'abord la plus essentielle, c'est ce morceau de parchemin, avec un sceau de cire rouge.

« Porte toujours cela sur toi, comme ton scapulaire.

« Si des confrères débarquaient ici, ne crains rien ; montre-leur ce parchemin, ils s'envoleront comme des diables devant le signe de la croix.

« Quant à l'autre chose, tu en feras ce que tu voudras, nous la laissons à côté de l'amarre ; tu la jetteras à l'eau, ou tu la garderas, à ta volonté.

« Adieu, bonne mère, prie pour nous les saints du Paradis, nous en avons grand besoin.

Tous les pirates s'inclinèrent, à l'exemple de leur chef, et, dans un clin d'œil, ils furent tous remontés à bord.

La petite goëlette dérapa ; ses voiles se gonflèrent à la brise de l'aurore, et elle s'envola, comme une hirondelle, du côté de la Propontide, où était son nid.

Irène n'eut plus qu'une pensée dans le cœur et un mot à la bouche : le mot s'adressait à Dieu, la pensée à sa fille ; elle monta précipitamment l'escalier de la tour, embrassa Donyse, et baigna son visage de larmes.

Après, l'heureuse mère raconta, dans un récit haletant, tous les détails de cette aventure de nuit, n'oubliant jamais, à chaque phrase, de consacrer une courte parenthèse d'actions de grâces adressées à Dieu.

Toutes les joies du Ciel, ces délices que la terre ne connaît pas, inondèrent le cœur de ces pauvres recluses ; et le soleil, cet éternel sourire de Dieu, perçant de ses rayons les crevasses de la vieille tour, vint attester aussi que les périls nocturnes étaient passés, que le calme succédait à la tempête et la vie à la mort.

— Ma bonne mère, dit Donyse, vous avez douté un instant de la Providence ; hé bien, après vous avoir écoutée avec tant de joie, je doute de vous à mon tour. Ne sortez-vous pas d'un rêve affreux? Avez-vous vu réellement ces horribles choses? Ne vous trompez-vous pas? Avez-vous demandé, hier soir, à Dieu d'éloigner de votre sommeil *les fantômes des nuits* (1)?

— Ma chère fille, répondit la mère, il paraît, d'après ce que je viens de te dire, que les pirates ont laissé des traces de leur passage; descendons et allons voir.

Les deux femmes, excitées par une curiosité fort naturelle, descendirent à l'embarcadère, et aperçurent une corbeille remplie de provisions de toute sorte.

Le même cri éclata sur les deux bouches, le même geste repoussa ce présent.

Un scrupule de délicatesse chrétienne défendait de toucher à ces coupables produits de la piraterie, et même de les céder à autrui. On ne tarda pas à prendre la résolution commandée par le devoir. La corbeille fut jetée au courant de l'eau, et aucun regret ne la suivit.

Après ce sacrifice, le pain du jour leur parut meilleur.

Arrivée au terme de sa convalescence, Irène ne put reprendre ses travaux; la santé ne lui rendit pas ses forces, et Donyse ne pouvait point, toute seule, répa-

---

(1) Procul recedant somnia et noctium fantasmata. (Hymne du soir.)

rer le préjudice porté à l'économie de la maison ; la délicatesse de ses mains lui permettait à peine un léger travail d'aiguille, et encore, à chaque moment et à son insu, interrompait-elle ce travail par la prière ou la méditation.

Leurs dernières ressources consistaient dans les menues pièces d'argent qu'une main invisible avait déposées sur la rive ; mais depuis le débarquement des pirates, ce petit trésor leur devint suspect aussi dans son origine, et les mains des deux chrétiennes n'osaient y toucher.

Il y avait peut-être encore quelque générosité de pirate au fond de cette bourse de cuir.

Le doute au moins était permis, et le doute suffisait pour faire suspendre l'emploi de l'argent. Au reste, dans les occasions difficiles et dans les incertitudes d'un cas de conscience, les deux jeunes femmes prenaient toujours le parti d'attendre une de ces révélations providentielles qui arrivent infailliblement aux anachorètes du désert, ces privilégiés de Dieu.

Irène qui, depuis l'aventure des pirates, trouvait plus souvent l'insomnie que le sommeil sur sa couche entendit une nuit de petits bruits vagues, intermittents et mesurés, et qui étaient en parfait désaccord avec les murmures que la brise, la tempête ou les courants entretiennent dans les eaux du Bosphore.

Les êtres humains qui vivent dans la solitude, en

communication perpétuelle et directe avec la nature, ont dans le sens de l'ouïe une délicatesse de perception supérieure même à l'instinct des races félines, parce que chez eux la raison accompagne l'instinct.

Le moindre bruit qui n'est pas noté sur le clavier de la montagne, de la plaine, de la forêt ou de la mer, arrive à leurs oreilles avec une dissonnance suspecte, et leur donne des terreurs que les plus formidables ouragans n'apportent jamais avec eux.

Il y a toujours un péril dans un murmure surnaturel, et alors la prudence doit veiller, si le courage est absent.

Irène reprit sa place accoutumée à l'observatoire de la tour, et regarda le Bosphore; ses eaux étaient calmes et réfléchissaient comme un miroir ardent la lumière du phare. Pas un souffle d'air n'agitait les aiguilles vertes des pins. Deux murmures bien distincts arrivaient à l'embrasure de la tour : le chant du grillon et la respiration haletante d'un nageur. Irène vit presque aussitôt un homme sortir des eaux et disparaître dans les rochers du débarcadère.

Un grand silence se fit ensuite et dura quelque temps, comme si ce nageur se fût endormi dans un lit d'algues en arrivant.

Tout-à-coup, un bras nu se leva d'une crevasse de roc, et déposa, en pleins rayons du phare, un objet que la distance ne permit pas de reconnaître, mais qui se trahit par un léger son argentin, quoique la main l'eût accompagné sur le sable avec des ménagements minutieux.

L'occasion était trop belle pour la négliger; Irène la saisit courageusement au vol.

— C'est le messager de la Providence, pensa-t-elle, allons à lui sans crainte. C'est un ami.

Donyse dormait toujours de ce bon sommeil de dix-huit ans que le fracas de la foudre ne trouble pas.

Irène s'empara du vieux manteau palicare, le roula promptement, et, se montrant dans le cadre de la fenêtre, elle prononça ce monosyllabe sifflant qui appelle un ami et n'inspire aucun effroi.

Le nageur leva la tête au-dessus des infractuosités du roc, et vit, à la fenêtre de la tour, une femme qui jetait un paquet lourd et disparaissait comme pour l'inviter à venir le ramasser.

Il ne balança pas; il vint ramasser le manteau, s'en revêtit tout de suite, et au même moment la porte de la tour s'ouvrit, et Irène parut, en faisant le signe impératif de parler bas.

— Ma chère sœur en Jésus-Christ, dit l'étranger, je vous connais depuis longtemps, vous et votre charmante fille, mais vous ne me connaissez pas. Je voulais vous cacher la main qui voulait être secourable à deux pauvres chrétiennes, mais vous avez veillé sur une bonne action comme on veille sur un crime. Je me suis trahi, et pourtant je méritais plus de bonheur.

— Pardonnez-moi mon indiscrétion, mon frère, dit Irène en tendant sa main à l'inconnu; mais voici mon excuse : tant de dangers environnent deux pauvres femmes la nuit dans cette sollitude, qu'il faut toujours avoir l'œil ouvert sur les environs, et c'est ainsi, c'est par hasard que j'ai découvert le mystère de vos bienfaits.

— Ma sœur, reprit l'inconnu, mon devoir est de vous dire qui je suis, et de vous parler avec franchise. Nous sommes si peu de chrétiens dans ce pays, nous sommes si indignement traités par nos maîtres les Infidèles, qu'il ne doit y avoir entre nous que confiance, union, et fraternité... Je suis Constantin Psycha, natif de Cérigo; j'habite le petit village de Notre-Dame, de l'autre côté de l'eau, et je possède en toute propriété le champ d'oliviers que vous traversez pour vous rendre à la chapelle les jours de fête.

Constantin appuya avec affectation sur tous les mots de cette dernière phrase.

Irène fit courir la main sur son front, comme pour en extraire un souvenir, et, se ravisant tout-à-coup.

— Ah ! je me souviens ! dit-elle; je me souviens !... Oui..., c'était le jour des Rameaux... nous étions assises, ma fille et moi, et...

— Et, interrompit Constantin, la Providence voulut, ce jour-là, que je fusse indiscret... J'écoutai votre entretien, j'en pris bonne note, et, quand ma récolte d'olives fut faite, je vous apportai moi-même autant d'outres d'huile qu'il y a de grains au rosaire de saint Bernard, ce grand serviteur de Marie (1)... Eh bien! on se trompe lorsqu'on dit qu'une bonne action ne porte bonheur qu'après la mort. Toutes mes récoltes ont été bonnes et mes biens se sont augmentés; vous voyez que le saint roi David a raison (2).

Le chrétien qui s'exprimait ainsi, dans ce langage mystique des anciens jours de l'Église, était un jeune homme de vingt-cinq ans, d'une figure honnête et sévère.

Son attitude simple, la modestie de son regard, la douceur de son organe, frappèrent Irène. Dans sa foi ardente, cette pauvre mère chrétienne croyait, par intervalles, voir un de ces anges qui visitaient la terre au temps des patriarches, et une sainte frayeur agitait ses esprits.

La dernière parole de Constantin ramena Irène dans la réalité profane.

— Mon intention, ajouta le jeune chrétien, était de mériter une union sacrée par une longue suite de

---

(\*) Servus Mariæ nunquam peribit. (Saint Bernard.)
(\*\*) Fructus frumenti, vini et olei sui multiplicati sunt. (Psalm.)

services rendus à votre misère. Vous m'avez arrêté à mon second voyage; mais si vous daignez, ma chère sœur, me tenir compte du bien que je n'ai pu faire, accordez-moi en mariage, et au pied de l'autel, votre fille Donyse.

Constantin baissa les yeux et attendit la réponse.

Irène s'attendait vaguement, comme aurait fait en pareille occasion toute autre mère, à cette demande, toutefois elle tressaillit et balbutia les premiers mots :

— L'honneur que vous nous faites est bien grand, dit-elle ; mais je dois consulter ma fille ; je ne voudrais rien promettre de contraire à sa volonté.

— Qu'il soit fait suivant votre parole, reprit Constantin ; j'attendrai.

— Attendez demain, dit Irène ; c'est un jour de fête ; nous irons à Notre-Dame-de-la-Mer, et si ma fille répond selon vos vœux et les miens, nous irons nous asseoir, après la messe, devant la source du champ des oliviers.

Constantin s'inclina et descendit à l'embarcadère. Là, il déposa le manteau palicare sur le rocher, et se remit à la nage pour gagner la côte voisine. Irène était rentrée dans la tour.

Quand Donyse se réveilla, sa mère s'assit devant elle, lui prit affectueusement les mains, et lui dit :

— Toutes les nuits, ma chère enfant, n'apporte pas

de mauvais rêves; voici le mien de tout-à-l'heure. Je traversais le champ des Oliviers, la-bas, près de notre chapelle; un jeune chrétien de bonne mine est venu à moi, et m'a dit : Ce champ est à moi, j'ai du bien au soleil, ma religion est la vôtre; donnez-moi votre fille en mariage, et j'espère la rendre heureuse avec l'aide de Dieu... Devine ce que j'ai répondu...

— Dans votre rêve? demanda naïvement Donyse.

— Oui, dans mon rêve, reprit la mère en riant.

— Même dans un rêve, dit la jeune fille, je suis sûre que vous n'avez pas voulu vous séparer de moi.

— Me séparer de toi, ma fille, jamais! Cependant, j'ai consenti à ton mariage... Voyons, ai-je bien fait ?

— Vous ne pouvez rien faire de mal, bonne mère.

— Ainsi, chère fille, si je voulais te marier avec un jeune et riche chrétien, tu dirais *oui* à ta mère, et *oui* au prêtre.

— Sans doute, ma mère.

— Eh bien! ma fille, embrasse-moi, ton mariage est conclu.

Alors Irène raconta, dans tous ses détails, la scène de la nuit, et Donyse pleura de joie. Le lendemain la mère et le fille s'assirent, après la messe, devant la source du champ des Oliviers...

La pauvreté avait fait son devoir; la Providence fit son œuvre.

C'est ce qui arrive toujours.

# UN COUPLE AFFREUX

En France, dans le département de \*\*\*, au centre des plus beaux quartiers de la ville de \*\*\*, rue \*\*\*, n° \*\*\*, vivait, en solitaire, un homme d'un âge fort équivoque; on lui donnait de vingt à cinquante ans. Mais cette particularité seule ne le rendait pas remarquable. Il se nommait Ephelge \*\*\*, et sa laideur étonnante ne rappelait rien de connu dans le sexe masculin, qui n'est pas beau comme l'autre, son voisin dangereux. Ce défaut naturel avait de telles proportions qu'il s'était élevé à la hauteur d'un crime contre la société. Quand il trouvait, à force de recherches, un appartement convenable dans une rue honnête, le propriétaire ne tardait pas de lui faire une visite pénible, et lui donnait congé à l'échéance du terme. M. Ephelge demandait la raison de ce congé non motivé; le propriétaire levait les yeux au plafond, avec un soupir pour toute réponse. M. Ephelge insistait; alors le propriétaire bégayait quelques phrases brumeuses, à travers lesquelles on distinguait *que les locataires avaient fait des plaintes.*

— Quelles plaintes? s'écriait le malheureux Ephelge.

— Ah! répondait le propriétaire en regardant un miroir; et il sortait sur ce *ah!*

Dans les soirées de la belle saison, le seuil des portes s'émaille de visages assez laids dans la ville de ***, département de ***, rue ***; eh bien! lorsque M. Ephelge, usant de ses droits de citoyen, essayait de s'encadrer dans sa porte, pour respirer un peu de fraîcheur et de brise française, commune à tous, trésor de tous, les visages voisins se voilaient subitement de leurs portes fermées; on entendait même des bruits de serrures et de clefs, comme si l'on eût craint une invasion de la laideur du malheureux voisin.

Deux incidents achevèrent d'éclairer Ephelge sur sa nouvelle position, et beaucoup mieux que n'aurait pu le faire le meilleur des miroirs de Venise ou de Paris.

Un jour, le sergent-major de sa compagnie de garde nationale lui envoya étourdiment une circulaire de convocation. En 1830, lorsque la milice citoyenne fut organisée dans l'intérêt de l'ordre public, l'état-major, qui n'était pas lui-même très beau, décréta que M. Ephelge serait dispensé du service pour cause de laideur paradoxale. Cette décision fut soumise au colonel qui avait un immense nez, flottant au hasard sur des constellations antérieures à la vaccine, et ouvrait une formidable parenthèse avec le menton. Ce colonel se fit donner le signalement d'Ephelge et le procès-verbal de ses atrocités physionomiques, et fut révolté d'avoir dans sa légion un grenadier sculpté de façon à compromettre l'ordre public, devise de ses drapeaux.

Ephelge fut donc licencié. Toutefois, avec cette délicatesse dont tout membre de la garde nationale, chef ou soldat, ne doit jamais se départir, on cacha soigneusement au malheureux grenadier la cause de sa disgrâce, et on la colora même d'un prétexte poli et ingénieux. Le brevet de congé définitif portait que M. Ephelge était dispensé du service, attendu sa position intéressante d'orphelin.

A dire vrai, Ephelge n'était rien moins qu'orphelin. Il était doué, au contraire, d'un père authentique et d'une mère coquette, âgée de cinquante-deux ans, bien qu'elle contrariât l'acte infaillible de l'état civil, en accusant trois lustres de moins. La jeunesse d'Ephelge avait été marquée par un incident assez rare dans les familles. Son père l'avait exilé de sa maison pour crime de laideur scandaleuse. Le jeune Ephelge s'était retiré dans les montagnes des Vosges, et là, il vivait avec la mélancolie du hibou, se nourrissant de fruits sauvages et des larmes versées sur l'injustice de l'auteur de ses jours. A la chûte de M. de Villèle, son père l'amnistia et lui donna la banlieue de sa ville natale pour prison, avec cent francs par mois. En 1830, il lui fut permis de reprendre son rang imprescriptible de citoyen, à condition qu'il n'affligerait jamais le visage de ses parents. De là, l'erreur qui fit croire à l'état-major qu'Ephelge était orphelin.

Passons au second incident. Ephelge était célibataire, et cela n'étonnait personne. Doué de passions vives et d'une sensibilité exquise, comme tous les gens laids, il avait quelquefois laissé tomber un regard de tendresse sur quelques jolis visages de promenade, et, tout-à-coup dénoncé à des pères irascibles, il lui avait été ordonné, sous peine de duel à mort, d'ensevelir sa tendresse au fond de son cœur et de ne pas l'étaler en public. Il venait de faire les plus louables efforts pour établir un petit ménage de garçon; mais son édifice domestique s'écroula bientôt à l'intérieur, et toujours pour la même cause. Sa cuisinière donna sa démission. Alors, il réfugia son appétit dans une maison bourgeoise, rue Saint ***, et paya d'avance quinze cachets. La première aurore de bonheur commençait à luire. La table de M$^{me}$ *** était assez bien servie : *potage, trois plats*, etc., etc. Les habitués appartenaient à diverses administrations, et dînaient avec cette verve dévorante, si remarquable chez les hommes qui ne déjeûnent pas. Aussi, dans la première semaine, les yeux des convives, plus occupés de leur assiette que de leur voisin, et craignant toujours de perdre un bon morceau, convoité par des appétits insatiables, ne se fixèrent pas sur la laideur monumentale de M. Ephelge, et M. Ephelge, enhardi par ce premier succès, donna un jour son opinion sur la question d'Orient, alors agitée sur toutes les nappes des tables bourgeoises.

— La question d'Orient est toute simple, venait de dire, en se résumant, un monsieur qui tranchait les nœuds gordiens avec sa fourchette.

— Je la crois multiple, dit M. Ephelge..., interrupteur étourdi!

Le préopinant, très-contrarié, arrêta sa fourchette, chargée de fricandeau, à deux doigts de sa bouche, et regarda fixement son contradicteur. Une douzaine d'autres yeux suivirent la même direction. Les physionomies s'assombrirent. Les cliquetis des mâchoires et des porcelaines fut suspendu ; la main du découpeur habituel s'arrêta sur un manche orné de papier frisé. Un murmure d'effroi circula sous les serviettes tendues en paravent... Ephelge était perdu sans retour!

Le lendemain, à son arrivée à la pension bourgeoise, Ephelge subit une humiliation que le soleil n'avait pas éclairée depuis Catilina. On sait que les sénateurs romains abandonnèrent leurs chaises curules en voyant l'illustre conjuré s'asseoir à côté d'eux. M. Ephelge fut traité en lépreux. On laissa un mètre de nape inhabitée à sa droite et à sa gauche, et on lui donna pour vis-à-vis un énorme vase de fleurs artificielles. Ephelge attribua cet incident au hasard. Hélas! le cœur de l'homme est ainsi fait!

A l'expiration des quinze cachets, M. Ephelge se pencha gracieusement sur le comptoir de la maîtresse de pension, et, tout en jouant avec le collier de sa serviette, il déposa 22 fr. 50 c. pour prendre quinze nouveaux cachets. M^me *** détourna les yeux et, repoussant du doigt les 22 fr. 50 c., elle dit :

— Je suis bien fâchée, monsieur, mais vous êtes le dernier venu, et il n'y a plus de place à ma table.

— Comment, madame! dit l'étourdi Ephelge, c'est une erreur; il y a de la place pour quatre encore, à mes côtés, et vis-à-vis, un vase de fleurs qui occupe trois couverts.

— Ah! c'est ainsi! il n'y a pas de place, monsieur! dit la dame, les yeux au plafond, avec un accent plein d'aigreur.

M. Ephelge mit sa serviette en rouleau dans son collier, et balbutia timidement cette phrase :

— Je ne crois pas, madame, avoir manqué aux égards..., à la bienséance..., à...

— Vous n'avez manqué à rien du tout, dit la dame

les yeux fermés, je ne dis pas le contraire ; mais c'est égal, vous dînerez ailleurs.

Et elle s'agitait convulsivement sur son trône d'acajou.

— Si, involontairement dit Ephelge d'un ton digne, j'avais manqué à quelqu'un, je suis prêt...

— Vous n'avez manqué à personne, dit la dame en voilant ses yeux avec son mouchoir.

— L'autre jour, ajouta Ephelge, en discutant sur la question d'Orient, j'aurai peut-être...

— Oh ! monsieur ! cela devient ennuyeux ! dit la dame en se précipitant du haut de son trône, voulez-vous savoir la raison ?

— Oui, madame, dit Ephelge avec l'innocente voix, organe d'un cœur pur.

— Eh bien ! la raison, c'est M. l'inspecteur Boisdureau qui l'a dite.

— Et qu'a dit M. l'inspecteur Boisdureau ?

— Il a dit, monsieur, que vous aviez une laideur intolérable, une laideur inhabitable ; voilà !

Ephelge fut changé en statue de sel.

Sans doute, il avait eu dans sa vie des moments lucides, dans lesquels il faisait remonter à sa laideur la cause de bien des maux : mais il s'était persuadé, à l'aide d'un miroir terni, qu'il avait laissé la moitié de ce vice originel dans les abîmes de son adolescence, et qu'en avançant en âge, il se sculptait chaque jour, comme à son insu, un visage plus humain. La brutale apostrophe de la maîtresse de la pension bourgeoise le fit retomber dans son néant, face à face avec son incomparable laideur.

Ephelge entretint la pensée de se réfugier aux champs, sous quelque toit modeste, habité par l'innocence et la vertu, conformément aux prospectus publiés par les ariettes des opéras comiques. Il se hasarda un jour à visiter la banlieue et les villages paisibles endormis au pied de leurs clochers noirs, sur tous les chemins vicinaux de sa ville natale; eh bien! l'infortuné ne trouva que des visages railleurs, secouant de tristes éclats de rire sur le seuil des chaumières. Quand il passait devant un hêtre touffu, le Tityre, couché sous son ombre, le poursuivait horizontalement de cette ironie poignante que les Faunes malins ont transmise aux paysans, leurs dignes successeurs. « O ciel! se disait-il à lui-même, en se faisant reculer d'effroi, si je tombais dans quelque guet-apens agreste! et si on n'avait, parmi ces pasteurs, aucun scrupule d'attenter à mes jours, sous l'odieux prétexte que je n'appartiens pas à l'humanité!

Ce dernier motif le fit rentrer en ville, et il se promit d'ensevelir son existence au sein protecteur d'une cité. Avec quelle joie il recevait une de ces visites qui lui prouvaient que ses concitoyens lui gardaient encore une place parmi les hommes! avec quel enthousiasme il payait les contributions directes, la taxe du personnel, les billets de garnison, les quêtes des orphelins, les souscriptions pour les incendies, ou les statues des grands hommes coulés en bronze avec des sous-pieds! Hélas! ces chances de bonheur étaient trop rares, et hors de ces occasions tant désirées, il ne voyait que le néant, le désert, le vide, l'humiliation désolante. Forcé de passer toute sa vie avec lui-même, le pauvre Ephelge consulta les sages qui ont écrit sur tout, et n'ont remédié à rien. Il apprit que l'étude nourrissait l'enfance, amusait l'âge mûr et charmait la vieillesse. Il étudia donc cette foule de livres ennuyeux dont le genre humain est accablé depuis l'invention de Gutenberg; et menacé d'ophtalmie par le rayonnement monotone des lettres de l'alphabet; menacé du *spleen* suicide par tous ces contes à dormir debout que les bibliothèques appellent des histoires, il ferma son cabinet d'étude à double tour, comme une nécropolis d'écrivains morts. Au reste, à quoi lui eût servi l'instruction? L'homme qui ne fait pas métier de science, ne s'instruit que pour faire parade de son érudition devant les ignorants. Ephelge avait perdu tout espoir de se trouver désormais en contact par les lèvres avec l'oreille d'un auditeur. Il aurait, sans profit aucun, pâli sur les livres, et cette pâleur littéraire ne l'eût pas embelli.

Ephelge, repoussé brutalement par les humains,

résolut d'ensevelir son existence dans le grand chaos de maisons, d'hommes et de chevaux, qu'on appelle la ville de Paris; ce vaste dépôt des infirmités morales et physiques, toutes numérotées sur deux lignes de trottoirs, apparut à Ephelge comme un asile de consolation. Sa médiocre fortune ne lui permettant pas de prendre une chaise de poste, il fut obligé de s'asseoir, avec cinq compagnons hargneux, dans l'intérieur d'une diligence très-paresseuse. Le malheureux enfermé dans le taureau d'airain du tyran Phalaris, n'a jamais subi les tortures qu'une diligence réservait à Ephelge. Les cinq voyageurs le forcèrent à se voiler le visage avec un foulard rouge, et ce n'est qu'au moyen de cette concession outrageante qu'il lui fut permis de continuer sa route jusqu'à la barrière d'Enfer, cinquante-quatrième porte de la capitale des arts et de la civilisation.

Ephelge descendit à l'hôtel de la reine Christine, rue Christine, faubourg Saint-Germain. Cet hôtel possède une douzaine d'étages au-dessus du niveau de la Seine; il s'élève dans une rue solitaire et peu tourmentée par les chevaux, les omnibus l'évitent comme les vaisseaux évitent le détroit de Magellan. Ephelge prétexta un coup d'air pris en voyage, et parla au portier de l'hôtel, à travers le foulard rouge qui dérobait son impossible laideur. L'intelligent portier de l'hôtel Christine, soupçonnant quelque piége sous ce foulard, et croyant même avoir affaire à quelque malfaiteur dont le signalement était donné à la police, exigea la suppression du foulard rouge avant de recevoir Ephelge comme locataire et de traiter du prix des chambres avec lui. Ephelge, au lieu d'obéir, raffermit son mouchoir rouge sur son nez pyramidal.

— Ah ! je savais bien ! dit le portier avec un rire malin, et il montra la porte au malheureux voyageur.

Ephelge, tenant son porte-manteau d'une main et de l'autre son foulard protecteur, se retira consterné.

Il ne connaissait dans Paris que l'hôtel Christine ; son père y avait logé en 1809, et il l'avait cité mille fois comme un modèle d'hôtel garni.

Au coin de la rue Dauphine, Ephelge eut la douleur d'entendre un commissionnaire dire ces terribles paroles à son oreille.

— Tiens ! voilà un républicain qui arbore le drapeau rouge !

— Grand Dieu ! s'écria mentalement le voyageur, quelle imprudence ! et il mit son drapeau dans sa poche, comme un député ambitieux.

Le flux et le reflux de la rue Dauphine se compose de passants affairés qui ne regardent pas le visage des autres. Ephelge respira un instant jusqu'à l'enseigne des *Deux-Magots*, à l'angle du carrefour Bussy ; mais ayant commis l'imprudence de s'aventurer dans les solitudes voisines du Luxembourg, il vit éclater sur la face des passants certains airs de mauvais augure, et même des signes de colère humaine, sinistres avant-coureurs d'un orage très-prochain.

Ducray-Duminil, ce doyen des romanciers, en voyant les maux qui désolaient les deux orphelins Achille et Bénédict, s'écrie avec une admirable candeur: « *Enfants si bons, si doux, qu'avez-vous donc fait aux hommes!* » Que se serait-il écrié s'il avait été, comme moi, le témoin des angoisses d'Ephelge dans la rue Vaugirard ! Eh ! qu'avait-il fait aussi aux hommes, cet Ephelge si bon, si doux ?

Soyez parricide, faussaire, inventeur de feux grégeois, ami déloyal, amant parjure, empoisonneur adroit, et promenez-vous dans Paris avec une face sereine, des yeux limpides, un nez bien ciselé, deux lèvres roses et un gilet blanc de neige, Paris vous honorera d'un regard bienveillant ; soyez Ephelge, n'ayez commis que le crime innocent d'une impardonnable laideur, et Paris vous prépare, à tous ses coins, des déplaisirs mortels et des tortures sans nom. Il est vrai, pour excuser Paris, qu'Ephelge abusait trop de la permission qu'ont les hommes d'être laids.

Chassé de la rue Vaugirard par de jeunes ouvriers ébénistes qui déjeunaient en plein air, Ephelge, tenant toujours son porte-manteau et se voilant le plus de hure qu'il pouvait avec sa large main de quadrupède, entra dans le jardin du Luxembourg, et fut salué par un chœur général d'éclats de rire, entonnés dans une population de femmes de chambre et de petits enfants. Impossible de se méprendre, toutes les mains allongeaient un doigt sur lui ! Ephelge, au comble du désespoir, allait se précipiter dans le bassin du Luxembourg, mais il remarqua, tout de suite, un chien de Terre-Neuve qui l'attendait, gueule béante, pour le déchirer en le sauvant. Le suicide fut ajourné.

Il revint sur ses pas, et traversant la cour du Luxembourg, il descendit rapidement vers la rue Mazarine, qui a le privilége d'être sombre à midi.

En voyant la rivière couler au bout de cette rue, il la trouva plus engageante que le bassin du Luxembourg, lequel bassin, d'ailleurs, n'a qu'un demi-pied d'eau, ce qui change en grasse sinécure, le poste du chien sauveur, dont les appointements sont payés par la caisse de la Chambre des pairs. Ephelge pourtant, soutenu par le faible espoir d'une transfiguration possible, laissa couler la rivière sans troubler le calme de ses eaux, et suivit le quai jusqu'au Pont-Royal. Le bouquiniste qui a établi dans ces parages une bibliothèque publique à l'usage de ceux qui cherchent longtemps cinq centimes pour traverser le pont du Carrousel, lui suggéra une idée. Il acheta un in-quarto intitulé : *Défense de la bulle Unigenitus*, et il se précipita, tête première, entre les deux battants de ce livre, comme font les myopes quand ils lisent un journal. A la faveur de ce déguisement relié en basane, masque d'occasion, il put traverser le **Pont-Royal** sans courir trop de dangers, en suivant le trottoir et loin des chevaux.. Seulement, le peuple disait (car le peuple des ponts dit toujours quelque chose, parce qu'il ne craint plus les cabriolets) :

— Ce monsieur n'a pas envie de perdre son temps.

— Tiens ! ce savant a oublié son livre chez lui.

— Monsieur, prenez garde de me laisser tomber votre journal sur les pieds.

— En voilà un qui se brosse les paupières avec un in-quarto, etc., etc.

Ephelge, heureux de se tirer du péril à si bon marché, continuait sa route, et à la descente du pont il faillit se briser sur le château des Tuileries, qu'il ne voyait pas à travers l'épaisseur peu diaphane de son in-quarto. La sentinelle du pavillon de Flore remit Ephelge sur la voie publique, avec un léger coup de crosse et un geste encore plus dur. Il longea la terrasse du bord de l'eau, coupa diagonalement cet immense jeu de quilles qu'on appelle la place de la Concorde, et se perdit, comme une ombre païenne, dans les quinconces des Champs-Elyséens, que M. Colbert, de mythologique mémoire, planta pour amuser les académiciens de son temps.

Les hommes de mauvaise mine que Paris possède dans ses murs pour soulager la province, ont choisi les Champs-Elysées pour leur promenade de midi. Un de plus ne pouvait être remarqué, bien que cet un de plus fût, à lui seul, plus effrayant que tous les autres ensemble. Grâce à ce concours d'habitués hideux qui changeaient les Champs-Elysées en vrai Tartare, Ephelge respira quelques instants ; il surprenait bien çà et là des constellations d'yeux fauves qui le regardaient de travers, comme Didon, dans l'Elysée de Virgile, regarde son amant perfide ; mais il se faisait tout de suite éclipser par un arbre, et d'éclipse en éclipse, il arriva au pied de l'arc de triomphe de l'Etoile, à l'autre extrémité de Paris. Le malheureux était parti de la barrière d'Enfer !

Sur les gazons hospitaliers qui couronnent les hauteurs voisines, Ephelge aperçut quelques flâneurs de Chaillot, gens renommés par leurs espiégleries, et qui ont abreuvé de tant de dégoûts les promeneurs altérés, vagabondant sur les bords non fleuris que n'arrose pas la Seine. Cet asile n'était pas sûr. Les préposés de l'octroi eux-mêmes, personnages graves, qui attendent à la barrière tout ce qu'on ne leur déclare jamais, désignèrent Ephelge du bout de leur baguette divinatoire, avec des propos malins, et le soupçonnant de contrebande, ils le menaçaient de le surprendre en flagrant délit de fraude à son retour. Ephelge ne comprit pas cette pantomime douanière, et il ne vit dans tous ces hommes que de nouveaux et implacables ennemis de sa gigantesque laideur.

La nature a vraiment des bizarreries criminelles; il devrait y avoir un tribunal pour venger un homme pur, comme Ephelge, de cette marâtre ironique, et la forcer à refaire son œuvre. Hélas! la nature se moque du genre humain, et quand elle veut rire à nos dépens, il faut subir ses injures jusqu'à la mort!

Ephelge se lança sur cette allée infinie qui part de l'arc de l'Étoile, et semble expirer à la fin du monde. C'est désespérant pour le piéton. Colbert a planté ces arbres éternels du haut de son carrosse doré. « O grand ministre! » disait M. Buisson en parlant de lui; M. Buisson se promenait toujours à cheval.

Notre infortuné piéton arriva, un peu avant le coucher du soleil, sur les bords de la Seine, à Neuilly. L'aspect du site le ranima. Il y avait un pont qui dessinait ses arches dans l'eau verte et calme; il y avait des massifs de peupliers, des kiosques suspendus, des rotondes pleines de sourires, des bouquets d'iris qui folâtraient avec la rivière, des enfants qui jouaient sur les gazons. Tout cela ressemblait au bonheur des autres, et notre Ephelge avait un naturel si bon qu'il en ressentit de la joie, tout comme devant sa propriété. Ce bonheur d'emprunt lui donna des symptômes d'appétit. A sa droite, il avisa une maison blanche qui parlait ainsi aux passants, avec les lettres énormes de son enseigne : *Au rendez-vous des bons enfants. Bellon, dit le Champenois, loge à pied et à cheval. A la Renommée des matelottes.*

Cette enseigne fit venir l'eau à la bouche d'Ephelge. Il entra, le visage à demi-voilé par l'in-quarto, ne risquant ainsi que la moitié de son incommensurable laideur, et déposant le porte-manteau sur une table, il appela M. Bellon, et demanda un dîner complet. Quatre plats.

M. Bellon accourut avec une serviette hérissée de plumes de canards, et regardant Ephelge par-dessus le crâne, il décocha un tendre sourire à une pièce de quarante francs que le voyageur agitait toujours sur le marbre de la table, comme le tocsin de son appétit.

— Monsieur va être servi à l'instant, dit Bellon, et il sortit pour prendre une serviette vierge de canards.

Qui peut connaître le mécanisme des choses du destin ! un incident aussi simple devait amener de bien singuliers résultats !... *Mais n'anticipons pas sur les évènements,* comme dit Ducray-Duminil, notre patron.

Ephelge, seul dans la salle à manger, ornée d'un miroir voilé d'un crêpe vert pour ne pas humilier les convives, ouvrit la croisée et s'accouda gracieusement sur la rampe du balcon. De cet observatoire, sa vue plongeait dans un petit jardin entouré d'une haie vive d'aubépine en fleurs; ce jardin exhalait un parfum de calme heureux qui mouilla les paupières velues d'Ephelge. On apercevait au fond, sous un dôme de catalpas, une maison modeste à contrevents verts, avec treille de pampres, volière et pigeonnier ; devant la porte une jeune fille cueillait d'une main, dans un vase, des fleurs de géranium, et de l'autre repoussait mollement un jeune chat zébré, qui dévastait avec ses griffes les franges de sa pèlerine de satin. Ce petit tableau ressemblait à un Miéris en action. Ephelge occupait une place qui ne lui permettait pas de voir la figure de la jeune fillle, mais il était impossible qu'elle ne fût pas belle au milieu de ce paysage si beau. La contemplation se fût prolongée, malgré les exigences d'un appétit vieux de trente heures ; mais M. Bellon entra triomphalement, une matelotte à la main ; l'affamé voyageur, sous prétexte apparent de flairer le plat de très-près, continua de cacher ce qu'il appelait sa figure au regard de M. Bellon, et engagea dans cette posture un court entretien avec lui.

— Ce plat, dit-il, a un parfum exquis, monsieur l'aubergiste, et je ne puis me lasser de le respirer.

— C'est que je puis dire, monsieur, répondit Bellon, qu'après le maire de l'île Saint-Denis, qui est le premier chef connu pour la matelotte, personne en rive de Seine ne peut me damer le pion de ce côté.

— Oh ! quel fumet délicieux ! dit Ephelge.

— Prenez garde, monsieur, remarqua Bellon, le

plat est très-chaud, et vous allez vous brûler le nez.

— Monsieur Bellon, dit Ephelge, vous avez là, sous vos croisées, un bien joli jardin...

— C'est le jardin de ma voisine, madame Daubenier.

— Mariée à M. Daubenier? demanda Ephelge.

— Non, monsieur, veuve.

— Une veuve sérieuse, monsieur Bellon? une veuve dont le mari soit mort?

— Oh! monsieur, une véritable veuve, tout ce qu'il y a de plus veuve. J'ai connu M. Daubenier, il est mort du chagrin de n'avoir pas marié sa fille.

— Que me dites-vous là, monsieur Bellon? dit Ephelge, en ne montrant qu'un quart de sa laideur phénoménale.

— Je dis ce qui est, mademoiselle Aglaé était fiancée en naissant à un cousin de l'Amérique. Le cousin arriva, il n'avait jamais vu sa cousine, et la veille de la signature du contrat, il dit : « Bah! j'aime mieux rester garçon », et il partit pour l'Amérique, sans faire viser son passe-port.

— Monsieur Bellon, ce cousin avait donc appris?...

— Il n'avait rien appris du tout; mademoiselle Aglaé est la plus vertueuse personne de Neuilly; elle a été rosière l'an dernier.

— Alors, il me semble, monsieur Bellon...

— Oh! voyez-vous, monsieur, il ne faut jamais s'entretenir de ses voisins, dans notre métier; ils vous font des procès devant le commissaire; ils prétendent qu'on chante des chansons un peu trop gaillardes; ils vous accusent de tuer leurs chats, et cent bêtises de cette espèce... N'en parlons plus..., comment trouvez-vous la matelotte, monsieur? il me semble que vous la mangez avec les yeux...

— C'est vrai, monsieur Bellon, et que me donnerez-vous après la matelotte?

— La moitié d'un canard à l'estragon; et on ne dira pas que celui-là n'était pas frais, il n'y a pas une heure qu'il barbotait dans ce ruisseau, là-bas.

L'aubergiste sortit sur ces derniers mots.

Rien ne saurait peindre la joie d'Ephelge, enfin il avait échangé quelques phrases avec un être humain! Son bonheur était celui d'un naufragé qui, ayant habité vingt ans une île déserte, bouche close faute d'interlocuteur, rencontrerait subitement deux oreilles ouvertes sous un front baptisé, et ferait une orgie de conversation. Il se releva fièrement, et, n'ayant pas de journaux à lire dans l'entr'acte des deux plats, il se remit au balcon, pour boire l'absinthe économique des champs. La jeune fille était toujours au jardin; mais Ephelge ne pouvait jamais voir sa figure. Aglaé marchait d'un pas mélancolique, comme si elle eût visité un cimetière; elle s'arrêtait parfois et regardait les hautes herbes, comme un botaniste ennuyé.

Le bruit de l'arrivée du second plat fit courir Ephelge à sa table, et il se cacha derrière le paravent de son fidèle in-quarto.

— Vous me direz des nouvelles de ce canard, dit Bellon, en essuyant ses doigts plus cuits que ses plats.

— Vous êtes discret, lui dit Ephelge; je suis prêt à vous demander un cinquième plat, si vous me dites le motif qui a fait casser le mariage de votre belle voisine avec son cousin.

Cette proposition corruptrice mit en rêverie M. Bellon.

Ephelge s'inclina sur le canard, nez sur bec.

— Monsieur, dit Bellon à voix basse, si vous voyiez Mlle Aglaé, vous feriez comme le cousin.

— Bah !

— Oui, monsieur, figurez-vous que cette pauvre demoiselle est plus laide que les sept péchés mortels.

Le nez d'Ephelge faillit avaler le bec.

— Si laide, monsieur poursuivit Bellon, qu'elle ne peut pas même aller à l'église, le dimanche, parce que les gamins lui feraient un mauvais parti.

Ephelge demandait au ciel de lui envoyer un in-folio, car l'in-quarto ne lui suffisait plus. Sa tête, ravagée par le sang, se gonflait à vue d'œil, et débordait les marges du livre protecteur.

— Maintenant, dit l'aubergiste, vous savez la raison, et je vais vous préparer trois autres plats.

Il sortit.

L'appétit expira dans la poitrine d'Ephelge, et le sentiment que réveilla en lui la confidence de Bellon avait un caractère d'émotion tout particulier.

Il marcha vers la fenêtre avec une étrange curiosité, fort naturelle d'ailleurs, et cette fois il lui fut permis devoir la figure de la voisine... Quoiqu'habitué depuis vingt ans aux formidables vérités de ses miroirs, Ephelge s'avoua tout de suite que la laideur d'Aglaé n'avait point de rivale dans l'univers, y compris la zone des Hottentots. La figure de cette jeune fille produisit à Ephelge l'effet d'un miroir qui grossit les objets; ce qu'elle avait surtout de plus remarquable, c'était l'absence presque complète du front et des yeux; il est vrai que le nez rachetait cette double absence avec une prodigalité monumentale. La bouche s'étendait vers des limites inconnues, le menton descendait verticalement en pointe osseuse sur un cou d'oiseau de proie, et une triple couche d'ocre badigeonnait cet ensemble de laideur, et achevait d'irriter l'œil qui osait la regarder.

Ephelge, pourtant, qui avait de bonnes raisons pour ne pas être difficile en choses de ce genre, affronta courageusement le visage de Mlle Aglaé, comme un héros affronte un péril connu. Il trouva même bientôt un charme singulier à détailler tous les crimes de cette laideur formidable, et à chaque découverte, il se réjouissait dans son cœur. A la fin de son examen, Ephelge se serait précipité aux pieds de la jeune fille, si le balcon eût été plus voisin du sol. Une rêverie douce s'empara de lui, et il regagna la table, le front soucieux et serein à la fois. Un spectateur, assez hardi pour analyser en ce moment le visage d'Ephelge, aurait deviné que le malheureux voyageur accomplissait dans son âme une véritable révolution.

A la fin du repas, Ephelge, encouragé par l'invincible laideur de la voisine, osa parler face à face à Bellon, et lui demander une chambre meublée, payable comptant, d'avance et en or. Le profil de l'empereur Napoléon, qui rayonnait en relief d'un jaune tendre, sur la pièce de quarante francs, fit une heureuse diversion; l'aubergiste, absorbé par l'image de métal, regarda négligemment l'image de chair cuite qu'Ephelge lui présentait en plein. La chambre fut accordée moyennant exhibition du passe-port.

Quoique le signalement du passe-port d'Ephelge fût écrit d'une façon illisible, parce que l'employé de la mairie avait été agité, en l'écrivant, par des éclats de rire convulsifs, M. Bellon s'en contenta et il installa chez lui son unique voyageur.

Dès ce moment la vie d'Ephelge fut une succession d'innocentes délices. Le voyageur ne quittait plus sa chambre; il regardait avec une joie ineffable ce gracieux jardin, habité par une jeune fille prisonnière de sa despotique laideur. L'âme d'Ephelge pouvait seule comprendre l'âme d'Aglaé; toute pensée intérieure de la jeune fille rebondissait, comme un message de télégraphe électrique, dans le cerveau du jeune homme; une sympathie mutuelle était inévitable. Aglaé, qui n'avait vu de visage humain depuis longtemps, fut touchée au milieu de ses ennuis de l'attention bienveillante que lui accordait son généreux voisin. Ces deux êtres chassés de la société pour un crime physiologique, se rapprochèrent dans un intérêt commun; chacun d'eux comprit qu'en dehors de leur couple, il n'y avait que le désert, l'ennui, le désespoir.

Ils ne s'étaient jamais parlé, et ils s'étaient déjà tout dit. Ephelge se revêtit un jour de son costume de visite, et se présenta, plus hideux qu'à l'ordinaire, chez M$^{me}$ Daubenier. Un jour crépusculaire assombrissait le salon de compagnie; on avait de bonnes raisons pour ménager les teintes ténébreuses dans ce logis habité par la pauvre fille. Ephelge, de son côté, se garda bien de demander un peu de jour; le *fiat lux* eût expiré sur ses lèvres. M$^{me}$ Daubenier, qui avait gardé pour elle quelque chose de la laideur atroce qu'elle avait donnée si généreusement à sa fille, se voila d'un éventail, malgré le clair-obscur du salon, et désigna un fauteuil au visiteur.

Alors Ephelge, avec une voix pleine de mélodie et de séduction, exposa éloquemment l'objet de sa visite, et demanda la main de Mlle Aglaé.

La mère balbutia une réponse embarrassée, dont le sens était celui-ci :

— Mais, monsieur, il paraît que vous ne connaissez pas ma fille; vous ne l'avez jamais vue; si vous aviez le malheur de la voir, vous feriez comme le cousin d'Amérique. Qu'osez-vous me demander, imprudent?

Ephelge n'eut pas l'air de comprendre le sens de la réponse maternelle; mais il dit avec une délicatesse charmante :

— Je connais mademoiselle Aglaé, j'ai eu le bonheur de la voir souvent; je l'aime comme moi-même, je ne puis avoir d'autre épouse qu'elle, et votre refus, madame, serait mon désespoir.

Ensuite, il donna des explications sur sa famille et sa petite fortune, sur ses goûts pour la solitude et l'obscurité.

M$^{me}$ Daubenier, à cette première visite, n'accorda pas, ne refusa pas; elle demanda huit jours de réflexion. Il est facile de deviner que ce retard ne gâta point les affaires d'Ephelge. Mlle Aglaé l'accepta pour époux en baissant les yeux et la voix, dans un sentiment de gracieuse et virginale pudeur.

Une nuit, deux flambeaux d'hyménée, luisaient obscurément au fond de la chapelle de Neuilly, comme deux étoiles qui n'éclairaient pas un ciel d'orage. Les époux, suivis de quatre témoins nommés d'office par le maire, s'agenouillèrent devant l'hôtel, et se jurèrent fidélité, comme les autres. C'étaient Ephelge et Aglaé Daubenier. Après la cérémonie, les témoins refusèrent de s'asseoir au festin de noces, et prétendirent que la loi n'avait plus rien à exiger d'eux. Ephelge les remercia, et ils prirent la fuite, les mains ouvertes sur leurs yeux fermés.

Ephelge, ayant obtenu l'assentiment de sa belle-mère, quitta Neuilly, et vint s'établir avec sa femme dans sa ville natale qu'il aimait beaucoup, selon l'usage des *cœurs bien nés*, comme dit Tancrède. Lorsque les habitants de la rue *** de la ville de *** apprirent qu'Ephelge était rentré dans leurs murs, et cette fois avec un supplément de laideur conjugale, ils firent éclater des syptômes d'insurrection. La police de *** s'alarma. Il y eut des groupes devant la porte des cafés, et la nuit on vit errer des patrouilles autour de la maison des deux époux. Le lendemain le maire fit un arrêté qui invitait les bons citoyens à l'union sous peine d'application des lois de septembre. Cet arrêté calma un peu les esprits; la place publique devint habitable, mais l'intérieur des maisons bouillonnait, chaque rue était un double alignement de volcans numérotés.

Ephelge, fort de la protection de la loi, fort de son

innocence et ne redoutant plus rien au monde depuis qu'il avait doublé son existence par le mariage, devint un autre homme, la laideur exceptée. Le premier dimanche venu, il sortit effrontément avec sa femme, à l'heure de la promenade, et se mêla aux humains, sur le cours Saint ***, rendez-vous habituel du beau monde, après vêpres, dans la belle saison. M<sup>me</sup> Ephelge, heureuse d'être aimée, se pavanait nonchalamment, suspendue au bras de son époux, et du haut de son triomphe, elle semblait prodiguer l'insulte aux familles qui passaient, avec des fronts chargés d'ennuis domestiques, et des visages lézardés par de mesquines et bourgeoises passions. Ephelge, radieux de volupté légitime, inclinait sa tête sur l'oreille de sa femme, et lui épanchait des flots de tendresse conjugale, à ravir les épouses des anges. Cet étalage inouï de bonheur nuptial à la face du public exaspérait les promeneurs, et dès que l'orage devenait imminent, le maire de *** allait de famille en famille, et éteignait l'incendie, en prêchant le respect à la loi.

Heureusement le public ne fait jamais longtemps la même chose. Ephelge et sa femme, ne reculant pas devant l'exaspération, le public recula devant son injustice. Insensiblement, *ce couple affreux* (on le désignait ainsi à ***, département de ***), à force de s'imposer aux promenades, avec l'aide de la charte constitutionnelle, habitua les yeux à le regarder. Un

jour le maire, dont la prudence est proverbiale à ***
aborda en public M. et M^me Ephelge, et leur fit l'honneur d'un entretien familier; bien plus, M. Ephelge,
s'étant écarté un instant pour lier les cordons de ses
souliers énormes, le maire offrit son bras municipal à
M^me Ephelge, qui faillit succomber d'une attaque de bonheur foudroyant. Ce magistrat jouissait de l'affection
générale; il avait obtenu du ministre un pont, un tableau et une fontaine, et ce triple cadeau comblait la
ville de *** d'une allégresse perpétuelle qui remontait au magistrat. Aussi, dès ce dimanche mémorable,
la population amnistia la double laideur des époux
Ephelge, et deux industriels leur envoyèrent une invitation à dîner.

Bientôt ils furent les époux à la mode. On citait
partout leur grâce, leur esprit, leur douceur; jamais
on n'avait vu de ménage plus fortuné. Une filature
permanente d'or et de soie était le symbole industriel
de la vie des deux Ephelge. Toutes les mères souhaitaient un pareil bonheur à leurs enfants.

Un incident attendu et inattendu à la fois acheva de
populariser les deux époux dans la ville de ***;
M^me Ephelge mit au monde un enfant beau comme le
jour. A cette nouvelle, l'affection publique s'éleva
jusqu'au fanatisme. Les dames de *** demandèrent
toutes à voir le nouveau-né. On fut obligé de régler
l'ordre du spectacle, le maire plaça deux gendarmes

à la porte de l'accouchée; on aurait dit une première représentation à l'Opéra.

Ephelge suppliait le ciel de lui retrancher la moitié de son bonheur, pour ne pas humilier davantage les autres époux de la ville de *** , lesquels, pour le dire en passant, ne sont pas heureux en ménage, surtout ceux qui sont très-beaux. Le ciel, qui devait des dommages et intérêts à Ephelge pour l'arriéré de ses infortunes, ne l'écouta pas; il lui envoya, au bout d'autres neuf mois, une fille d'une incomparable beauté. Le maire réclama l'honneur d'être son parrain, et le baptême fut une véritable fête civique comme le premier mai et le 29 juillet.

Heureux époux, puisse la lecture de cet article, écrit à votre gloire, donner un rayon de plus à votre lune de miel qui vivra aussi longtemps que le soleil de tous vos jours.

# LE CLIMAT DE PARIS

Les histoires sont des livres assez ennuyeux, qu'on est obligé de lire au collége pour prendre son grade de bachelier. En général, on écrit ces livres en copiant les autres; c'est un travail grave, fait par des hommes sérieux, qui se garderaient bien de hasarder le moindre mot plaisant, de peur de compromettre leur solennelle profession d'historien. Ces écrivains ne savent pas que les acteurs de tous ces livres sont des hommes, et qu'il n'y a jamais eu un seul héros perpétuellement sérieux, depuis David, l'inventeur de la chorégraphie publique, jusqu'à Napoléon, qui a naturalisé l'opéra-bouffe à Paris. L'histoire serait une chose charmante comme la fable, dont elle est la froide et grave copie, si elle savait descendre à tant de ces petits détails qui ont souvent produit les grandes choses. Mais l'histoire ne veut pas descendre ; elle a des hauteurs qu'elle garde, et d'où elle juge les hommes et les évènements avec tant de gravité profonde, qu'à moins d'être candidat bachelier, le livre, à sa seconde page vous tombe des mains.

J'ai vainement cherché dans les histoires de France une seule réflexion sur l'influence que le climat de Paris a fait subir à la coiffure des rois, aux mœurs, à la littérature et même à la religion. Cette influence a été prodigieuse, paradoxe à part ; elle méritait un chapitre dans Mézerai ou Anquetil, deux historiens détestables. On aurait lu ce chapitre au moins.

Lorsque Pharamond eut commis l'énorme faute de se faire élire sur un pavois, dans les marécages de Lutèce, au quarante-neuvième degré de latitude nord, il ne tarda pas à s'en repentir : l'humidité de son palais royal, et les plages de son petit royaume, lui procurèrent de nombreuses maladies, dont Mézerai ne parle pas, et qui le conduisirent au tombeau, après un modeste règne de huit ans. On est saisi d'un véritable sentiment d'historique pitié, en songeant que le fondateur de notre monarchie parisienne n'a fait que passer à travers les marécages de son royaume, et que son corps vigoureux s'est subitement éteint de consomption entre le double rhumatisme des pieds et du cerveau.

Son successeur comprit mieux que personne cette

immense faute. Clodion avait entendu les longues doléances rhumatismales du fondateur de notre monarchie, et, pour prolonger son règne au delà de huit ans, il inventa la race des rois chevelus, et donna l'exemple à ses successeurs de ce préservatif capital. Rien n'égalait, dans les crinières fauves, l'ampleur opulente de la chevelure de Clodion; et pourtant il ne se crut pas suffisamment garanti contre le climat de Lutèce, et il jeta un regard de convoitise vers la tiède Italie, où les rois avaient la faculté de se coiffer impunément à la Titus. La monarchie française, à peine fondée, était donc sur le point de s'écrouler, à cause des rhumes de cerveau. Clodion abandonna Lutèce et déclara la guerre aux Romains; Aétius commandait les têtes chauves de l'Italie, Clodion les têtes chevelues du département de la Seine. On se battit avec acharnement. Clodion, vaincu, prit la fuite; et, en traversant, échevelé, les plaines de l'Artois, il n'échappa que par miracle au destin d'Absalon. Toutefois, il ne voulut pas rentrer à Lutèce, et il fixa sa résidence royale à Soissons, ce qui lui permit de vivre vingt ans.

Sous la race des rois chevelus, on infligeait aux coupables la plus terrible des punitions, la mort lente causée par une série non interrompue de rhumes de cerveau: on leur rasait la tête. Childéric II commit cet acte de cruauté envers le maire du palais, Ébroin. On ne décapitait pas: ce supplice était trop doux pour des crimes de lèse-majesté ; on laissait la tête sur le corps, on ne coupait que les cheveux. C'en était fait du criminel.

Les rois fainéants craignaient de s'exposer à l'air, même sous le dôme épais de leur chevelure. Ils gardaient la chambre pendant dix mois, et ne sortaient en litière à bœufs qu'au solstice d'été. Nous aurions eu soixante-six rois de ce genre, si le quatrième fainéant n'eut été mis au tombeau par une maladie de langueur. Le cinquième se disposait à vivre paresseusement comme son père, lorsqu'il reçut de son médecin Prisca l'ordre de changer de régime, et de déclarer la guerre aux Allemands pour s'échauffer le cerveau. A cette époque de candeur patriarcale, lorsqu'un roi dépérissait d'ennui et de froid, on lui conseillait une guerre contre les Allemands. La campagne durait quelques années ; on tuait beaucoup d'Allemands ; et le roi, guéri, venait se faire inhumer à Saint-Germain-des-Prés.

Les premières hérésies datent de l'époque suivante, et elles se rattachent encore à une épidémie de rhumes de cerveau qui désola notre belle France à l'apparition des églises gothiques. Ces superbes édifices, représentant les forêts du Nord, dans la pensée des architectes, en conservèrent aussi l'humidité homicide. Les ravages du fléau pétrifié furent immenses. Une hérésie rhumatismale éclata de Sens à Auxerre. Un jeune clerc, nommé Sidonius, se mit en campagne; et, coiffé en Sphinx, il prêcha contre les églises gothiques, et appela les néophytes à sa chapelle étroite et tiède, construite en bois de sapin. On assembla un concile à Lyon. Sidonius fut excommunié, rasé et enfermé dans le couvent de Notre-Dame-du-Brou. L'étincelle devait produire plus tard l'incendie des guerres de religion. La Saint-Barthélemy, les dragonnades, les Cévennes, ont pour origine la victoire d'Aétius contre Clodion, et les rhumes de cerveau de Sidonius l'Auxerrois. Que nous sommes loin de Mézerai, d'Anquetil et de Bossuet!

La manie de guerroyer au delà des monts, comme dit Brantôme, cet écrivain toujours enrhumé, d'après son propre aveu, doit encore être attribuée à la faute originelle commise par Pharamond sur son pavois. Les rois de France et la noblesse, privés de la pâte de Regnault, et gardant leurs têtes éternellement découvertes sous les lambris du Louvre, humectés par la Seine voisine, renoncèrent aux guerres de Flandre et d'Allemagne, et adoptèrent la mode hygiénique de passer les monts, et de tuer beaucoup d'Italiens pour se délivrer des toux opiniâtres de l'hiver. Ce fut le célèbre médecin Ambroise Paré, l'inventeur des hermaphrodites, qui prescrivit ce régime aux princes et aux grands vassaux. Le connétable de Bourbon, en février 1524, prit un horrible catarrhe en se promenant avec la reine-mère devant le bassin de Fontainebleau. Il pria François I$^{er}$ de lui accorder une petite guerre hygiénique au delà des monts. A cette heure, le roi, satisfait des lauriers de Cérisoles et de Marignan, qui l'avaient radicalement guéri d'un refroidissement du cerveau gagné dans un *Te Deum* à Notre-Dame, s'amusait à écrire sur des vitres des quatrains à sa maîtresse; il refusa donc la guerre au connétable. Celui-ci se révolta contre son maître, et se mit à ravager des villes pour son compte. Le connétable arriva, toujours avec son rhume, de Fontainebleau jusqu'aux portes de Rome. Là, il dressa ses batteries, et acheva l'ouvrage d'Attila et de Théodoric. Il détruisit les thermes de Titus et d'Antonin, le Colisée, le portique d'Octavie et la tour de Cécilia Metella. Il était à la veille de sa guérison lorsqu'une balle romaine lui coupa le crâne en deux. On l'enterra guéri.

Sous Louis XIII, les lamentations furent grandes, parmi la noblesse, au Marais et à Fontainebleau. Les arceaux de la place Royale retentissaient d'une tempête de toux. Le roi fit un édit pour obliger les gentilshommes à laisser croître à l'infini leur chevelure; et il donna lui-même l'exemple en adoptant la mode inventée par Clodion. Ce palliatif fit quelque bien; mais le roi et la noblesse ayant conquis un trésor inépuisable de rhumatisme au siége de la Rochelle, en octobre et novembre 1628, Richelieu conseilla une petite guerre curative au delà des monts. Ce fut le duc de Savoie qui paya les frais du traitement. On ravagea tout chez lui, et on revint à Paris, en parfaite santé, aux premiers jours de printemps.

Les papes, qui ont toujours eu plus d'esprit que les rois, s'indignèrent enfin contre cette manie des princes et des nobles de France qui choisissaient ainsi, en hiver, l'Italie pour leur maison de santé. Ils se gardèrent bien d'exhaler hautement leur juste colère, mais ils eurent recours à des machinations sourdes en usage au Vatican. Par l'effet de ces trames italiennes, le cardinal Mazarini, né à Rome, se créa roi de France sous Louis XIV, et son premier soin fut d'éteindre la manie des guerres au delà des monts. Pour suppléer à cette puissante guérison traditionnelle, Mazarini inventa les incommensurables perruques du grand siècle. Le règne de Clodion fut effacé. On se figure aisément l'hilarité intérieure du railleur et perfide Italien, lorsqu'il vit pour la première fois son idée se développer, avec une ampleur extravagante, sur les cerveaux du roi et des courtisans. Un livre à peu près inconnu, comme tous les livres de bon sens, m'affirme que la chambre de Mazarini, à Vincennes, retentissait nuit et jour d'un éclat de rire puissant et ultramontain, et que les gens de cour ne savaient à quoi attribuer cette explosion de gaieté solitaire, entretenue à huis clos par le cardinal. Certes, nous la comprenons aisément aujourd'hui, cette joyeuse humeur, et il faut convenir qu'elle est dans l'esprit du caractère italien. Les perruques supprimèrent les rhumes de soixante-cinq rois, et les guerres d'Italie permirent à Louis XIV de passer le Rhin et d'assiéger Namur sans la moindre toux.

Sous Louis XV, le cardinal de Fleury usa de sa puissante influence pour éloigner le roi des guerres ultramontaines. On s'était un peu relâché des coiffures hygiéniques du grand siècle, et la noblesse avait été obligée de se guérir en masse, en tuant onze mille pauvres Italiens aux batailles de Parme et de Guastalla, batailles taxées d'inutiles par d'aveugles historiens. Le pape fit de sévères remontrances au cardinal Fleury, et le menaça de lui enlever son chapeau s'il n'inventait pas quelque nouvelle coiffure, puisque l'ancienne déplaisait au roi et à la cour. Fleury, poussé à bout, voulut renchérir sur Mazarini : il inventa la poudre. Un matin, il parut devant Louis XV avec des cheveux pétris dans un ciment d'amidon. Le cardinal avait un extérieur grave ; et, bien qu'il commît quelques tricheries en jouant au piquet, on le regardait généralement comme un homme vertueux. Sa nouvelle coiffure fut jugée comme une inspiration du ciel ; et Louis XV, qui déjà s'ennuyait beaucoup à Versailles, voulut bien reconnaître les hauts services à lui rendus par le cardinal, en faisant bâtir le royal édifice de sa chevelure avec du ciment d'amidon. La contagion gagna toutes les têtes, car le roi était adoré. Les dames, ennuyées aussi de se voir classer en brunes et blondes adoptèrent avec enthousiasme une mode qui les faisait toutes blanches, et les dispensait d'avoir des cheveux. L'Italie rentra dans un doux repos, et le pape promit au cardinal de le canoniser au bout de cent ans.

La mode des coiffures romaines devait nécessairement rentrer en France avec la république; mais l'armée garda la poudre et les cadenettes, ce qui nous avait déjà donné les victoires de Jemmapes, de Valmy et de Fleurus. Les soldats d'Arcole, de Lodi, de Marengo, des Pyramides, d'Héliopolis, auraient pu aisément raser leurs têtes et remporter les victoires de ces noms, sans cadenettes et sans poudre blanche; mais ils avaient à cœur de conserver cette mode de leur jeune âge, malgré ses désagréments dans les pays chauds. L'amidon des cadenettes se fondait au *simoun* de Thèbes, de Ptolémaïs et du Thabor; mais on se poudrait encore au bivouac du lendemain, en présence de ces graves sphinx éternellement blanchis, sur leurs longues bandelettes, par la poudre du désert. Au camp de Boulogne, Junot s'insurgea le premier contre la coiffure du cardinal Fleury, et un décret impérial ne tarda pas à la modifier. En Russie, on la regretta beaucoup. M. de Narbonne, sous les sapins de la Bérésina, se poudrait encore, malgré le décret impérial et les Cosaques de Tchitchakoff; aussi on l'a vu rentrer à Paris, malgré son grand âge, en parfaite santé. Aujourd'hui, avec notre confortable de rues et de maisons, notre Paris perfectionné, notre pâte Regnauld, nos passages couverts, nos vingt théâtres, nos bals, nos amusements infinis, on peut se coiffer à sa guise, et laisser vivre les Italiens au delà des monts; mais n'oublions point qu'il a fallu attendre quatorze siècles pour obtenir ce beau résultat.

La faute originelle de Pharamond a exercé aussi une singulière influence sur notre littérature. Aucun Rollin, aucun le Batteux, aucun Domairon, n'ont envisagé cette question à son point de vue le plus important. Pharamond nous a procuré longtemps une poésie qui avait exilé de son sein tout ce qu'il y a de beau et de charmant au monde, le soleil, l'Océan, les étoiles, la lune, les fleurs. On frémit de douleur en songeant que Corneille et Racine, logés dans une mansarde des rues de la Huchette et de Saint-Pierre-aux-Bœufs, n'ont connu les astres du ciel et les grâces de la nature que de réputation, et sur la foi des auteurs grecs-latins. Ces infortunés poëtes avaient appris, dans leur enfance, que Phœbus conduisait le char du soleil; que Diane s'habillait en Lune pour regarder dormir Endymion; que Jupiter lançait des carreaux sur les vitres en été; que le tendre Zéphire jouait avec les brillantes filles de Flore sur les rives du Sperchius. Aussi Corneille n'a parlé qu'une seule fois des étoiles dans le *Cid* ; et encore le vers est traduit du *Romancero*; Racine n'a cité qu'une seule fois le soleil dans son mot propre, mais il a traduit l'*Hélios* du poëte grec. Les astres du ciel et les fleurs de la terre ont été découverts en Amérique, par M. de Châteaubriand, qui parvint à les naturaliser à Paris, malgré la vive et longue opposition de Morellet, de l'abbé Féletz et d'Hoffmann, morts dans le sein de Diane et d'Apollon.

Et le public du grand siècle, ô Pharamond! ne pourra jamais être pardonné. C'est lui qui a fait siffler le *Cid, Athalie* et le *Misanthrope.* Aurait-on pensé cela de Pharamond? C'est pourtant la vérité pure. Nous, public de 1844, public libre et bien vêtu, marchant sur des trottoirs d'onyx, assis au théâtre sur des coussins de velours embaumé par les fleurs des loges, éclairés par un firmament de gaz, nous ne pouvons imaginer les misères du public du grand siècle, et refaire pour cette époque la carte de Paris. Figurez-vous donc, avec un violent effort d'imagination, cette ville inhabitable, *moins sûre,* disait Boileau, *que le bois le moins fréquenté;* figurez-vous des rues pavées de monceaux de boues, éclairées, la nuit, par les coups de pistolets des voleurs, toujours au dire de Boileau ; et ce malheureux public, gagnant à travers mille embuscades, et à tâtons, le théâtre de Corneille, au risque de se voir couper la bourse qui devait payer la représentation. Figurez-vous l'étrangeté primitive de la salle, de la scène, des acteurs; les murs suintants, lépreux, enfumés; un lustre et une rampe obscurcis par quatre chandelles de suif; des coulisses de paravents humides; des Horaces et des Curiaces portant le costume inventé par Mazarini pour éviter la guerre ultramontaine. Voyez arriver ce public *crotté jusqu'à l'échine,* toujours d'après Boileau, trempé de pluie, transi de froid, déchiré par la toux, et venant assister aux doléances d'un misanthrope chaudement vêtu et coiffé. Pauvre peuple du grand siècle! Lui qui vendait ses cheveux, lorsqu'il en avait, pour subvenir aux prodigalités capillaires de Versailles, subissait avec une aigreur poignante la présence de ces Cléantes, de ces Valères, de ces Bajazets, de ces Augustes, ensevelis prudemment sous une coupole ardente de cheveux roux. Il se vengeait en sifflant, et il se consolait. Au récit de *Phèdre,* il s'attendrissait sur le sort du pauvre monstre, dont le front n'était *orné* que de simples *cornes,* et il demeurait sec devant Hippolyte, dont la perruque avait six étages blonds!

C'est encore à la faute de Pharamond que nous devons une terrible épidémie qui a désolé Paris pendant dix ans, l'épidémie des poëmes épiques sous le règne de Napoléon. Les poëtes, race frileuse, emprisonnés chez eux par un climat geôlier, charmaient les ennuis de leur réclusion en embouchant la trompette héroïque. On fait une idylle, une ode, un sonnet en se promenant ; mais il faut au moins trois ans de travaux forcés pour accomplir dignement un poëme épique, et l'on trompe la perfidie de trois hivers. Ces travaux eussent été pourtant circonscrits dans le domaine étroit de quelques écrivains, et l'épidémie n'eût pas dévoré Paris. Mais Napoléon, trop indulgent pour son siècle, abolit la conscription en faveur des poëtes épiques ! Faute comparable à celle de Pharamond ! Oh ! dès ce moment, Clio et les filles de Mémoire furent assaillies de pétitions en vers. Consultez le *Journal de l'Empire,* et vous serez étonné de cette avalanche de poëmes épiques du siècle décennal de Napoléon. En ce temps-là, tout bon citoyen qui savait que le vers alexandrin a douze syllabes, et qui craignait la conscription, faisait un poëme épique sur le premier sujet venu. Un poëme de vingt quatre chants exemptait l'auteur de la conscription, comme un vice naturel et caché. Les jeunes gens doués d'une humeur pacifique, prenaient la trompette guerrière, et chantaient les combats anciens pour se dispenser d'assister aux batailles modernes. Sous le prétexte que Voltaire avait fait sa *Henriade* à dix-huit ans, tout conscrit de dix huit ans, aligneur d'alexandrins, exhumait un tyran ou un bon prince des tombes de Rome, de Constantinople, de Saint-Denis, et faisait sa *Henriade* avec son invocation aux Muses, son récit, son ascension au ciel et sa descente aux enfers. Il se présentait alors au conseil de révision pour faire valoir ses droits à la réforme ; on lui ordonnait, comme à tout le monde, de se déshabiller ; il se réduisait, pièce à pièce, au costume primitif d'Adam et de l'Apollon du Belvédère ; et lorsque les médecins l'interrogeaient sur son infirmité secrète, en examinant son corps, il répondait :

« J'ai fait un poëme épique. »

A cette déclaration, le conseil de révision s'inclinait, le conscrit reprenait ses vêtements, et il offrait un exemplaire de son poëme au colonel de gendarmerie, qui lui donnait, en échange, une dispense d'aller à Madrid ou à Moscou.

Ainsi nous pouvons affirmer que tous les malheurs politiques, religieux et littéraires de la France, depuis quatorze siècles, doivent être attribués à la faute fondamentale de Pharamond. Ce roi, il est vrai, a chèrement expié son erreur, et c'est, au moins, une raison pour respecter sa cendre ; mais on ne saurait croire à quel degré de splendeur la France se fût élevée au sortir du berceau gaulois, si Pharamond eût fondé Paris dans quelque tiède plaine du département du Var. L'Italie eût été province française sous un Clodion chauve ; nous aurions gardé Dijon et Bordeaux, à cause des vins ; Gênes nous eût approvisionnés de ses fleurs pour nos festins et nos bals ; nous serions tous catholiques, avec de bonnes et chaudes églises en lambris de bois de cèdre, comme Saint-Paul de Rome; nous n'aurions pas fait les croisades, guerres entreprises par des seigneurs trop enrhumés dans leurs froids castels du Nord; Châteaubriand et Victor Hugo se seraient levés à l'horizon du Midi, au plus tard sous Clovis; l'Encyclopédie restait ensevelie dans le néant; nos guerres civiles, produites par les ennuis des brouillards, n'auraient pas désolé ce pays; Toulon, placé sous les yeux de la capitale, et fréquenté par les députés et les pairs, nous montrerait sur rade cent vaisseaux de haut bord; le *Fontenoy,* qui pourrit depuis vingt-cinq ans sous la cale couverte de l'arsenal, serait achevé en 1844, aux yeux de cinquante mille marins.

Quatorze siècles d'âge d'or enlevés à la France par l'étourderie de Pharamond!

# LE JOUEUR D'ÉCHECS

Le monde est la patrie du joueur d'échecs ; c'est une profession ou un amusement cosmopolite. L'échiquier est un alphabet universel à la portée de toutes es nations

Le bonze joue aux échecs dans la pagode de Jagrenat ; l'esclave, porteur de palanquins, médite un mat contre un roi de caillou, sur un échiquier tracé dans le sable de la presqu'île du Gange ; l'évêque d'Islande charme le semestre nocturne de son hiver polaire avec les combinaisons du *gambit* du roi, et le début du capitaine Evans ; sous toutes les zones, les soixante-quatre cases du noble jeu consolent les ennuis du genre humain.

Dans le moyen-âge, le joueur d'échecs courait le monde comme un chevalier provocateur, jetant les défis aux empereurs, aux rois, aux princes de l'Église, et recueillant de l'or et des ovations. Le plus célèbre de ces guerriers pacifiques fut Boy, le Syracusain. Il combattit, le *pion* à la main, avec Charles-Quint et le vainquit; il lutta, *pièce à pièce*, avec don Juan d'Autriche, et ce prince se prit d'une si belle passion pour le joueur et pour le jeu, qu'il fit construire, dans une salle de son palais, un immense échiquier, avec soixante-quatre cases de marbre noir et blanc, dont les pièces étaient vivantes, et se mouvaient à l'ordre des deux chefs. A la bataille de Lépante, Boy fit une partie d'échecs avec don Juan d'Autriche, et vainquit le vainqueur des Ottomans.

De nos jours, le jeu d'échecs n'a rien perdu de sa haute valeur; mais l'homme qui tient le sceptre de ce royaume d'ivoire n'a plus rien à démêler avec les souverains et les papes. A Paris, à Londres, à Vienne, à Berlin, à Saint-Pétersbourg, la gloire des plus forts se contente d'une admiration de famille, et souvent elle ne franchit pas l'enceinte d'un club.

Deux grands noms seuls ont passé les mers, et l'Indien même les connaît et les cite : hâtons-nous de dire que ces deux noms appartiennent à l'échiquier français, M. Deschapelles et M. de la Bourdonnais; les cercles d'Allemagne et les clubs d'Angleterre ne leur opposent aucun rival.

Il a été donné à M. Deschapelles de rappeler, dans

quelques circonstances de sa vie militaire, les exploits de Boy, le Syracusain. Après la bataille d'Iéna, il entra à Berlin avec notre armée victorieuse, et se rendit au cercle des amateurs d'échecs, où il défia le plus fort, en lui proposant l'avantage du *pion* et *deux traits*. Ce fut un supplément à la bataille d'Iéna. Le cercle de Berlin fut battu en masse et en détail. M. Deschapelles finit par offrir la *tour*. La gravité méditative et l'organisation exacte et mathématique des Allemands furent vaincues par le calcul vif et spontané de l'amateur parisien.

Depuis une quinzaine d'années, M. Deschapelles, l'homme des hautes combinaisons par excellence, a abandonné le champ-clos de l'échiquier. C'est aujourd'hui M. de la Bourdonnais qui tient le sceptre, et qui règne et gouverne en roi absolu. M. de la Bourdonnais est âgé de quarante-cinq ans environ ; tout, chez lui, annonce le maître du *mat :* le développement de son front est vraiment extraordinaire ; ses yeux, dominés par de fortes protubérances, semblent toujours se fermer aux distractions extérieures, en se mettant en rapport continuel avec les méditations de l'esprit. Petit-fils de l'illustre gouverneur des Indes, immortalisé dans *Paul et Virginie,* doué d'une intelligence supérieure et d'une persévérance d'application incroyable, il n'a jamais ambitionné que le titre de premier joueur d'échecs du monde, et son but a été atteint. L'Europe sait que M. de la Bourdonnais demeure rue de Ménars, n° 1, à Paris, dans le bel hôtel du cercle des échecs, et que c'est là qu'il attend les défis et qu'il donne des leçons.

Chaque jour les étrangers arrivent de tous les points de la carte : les uns, avec la noble présomption de combattre M. de la Bourdonnais à armes égales ; les autres, avec la soumission modeste des inférieurs, qui demandent avantage, tous heureux de connaître le maître célèbre et de croiser le pion avec lui. M. de la Bourdonnais ne refuse aucune proposition, aucun duel ; il est prêt à tout et à tous.

A midi, les batailles particulières commencent dans le vaste salon du club Ménars, chauffé à vingt degrés en hiver et plein de fraîcheur en été. Là figure l'état-major de M. de la Bourdonnais, c'est-à-dire cette élite d'amateurs, qui peut battre tous les joueurs anglais du club de Westminster, sans le secours et sans l'œil du maître. Dès que M. de la Bourdonnais s'asseoit pour faire la partie de quelque visiteur inconnu, arrivé de Saint-Pétersbourg, de Vienne, de La Haye, de Londres, toute autre partie est interrompue ; la foule se porte au quartier-général ; elle s'étage autour du chef, et tous les yeux sont cloués sur le doigt infaillible qui pousse en avant la *pièce* ou le *pion* victorieux.

Il est inépuisable, l'intérêt qui s'attache à ces amusantes scènes; et quoique les profanes ne comprennent pas trop ce genre d'émotion, il suffit de dire que les plus grands hommes en ont fait leur passion favorite pour justifier cet intérêt auprès de ceux qui ne sont pas organisés pour le comprendre.

Plus heureux que Napoléon, M. de la Bourdonnais a fait sa descente en Angleterre, et il a triomphé d'Albion, qui, pour lui, n'a pas été perfide, car l'échiquier anglais n'a point de case pour la mauvaise foi.

A cette époque, on parlait beaucoup en France de M. Mac-Donnel, qui, disait-on, avait un jeu supérieur au jeu de M. de la Bourdonnais. Tous les nababs, arrivés de Pondichéry et de Calcutta, tous les envoyés de sir William Bentinck, gouverneur des Indes, tous les explorateurs de la presqu'île du Gange, tous les Anglais enfin de l'*Est* et de *West-India*, tous attestent que sir Mac-Donnel d'Édimbourg était plus fort que le brahmane Flé-hi, natif de Jagrenat, et que, par conséquent, il battrait aisément M. Deschapelles ou M. de la Bourdonnais, ces Français frivoles et légers comme tous les Français, traduits en Anglais dans les vaudevilles d'*Adelphi-Theatre*.

Un jour, M. de la Bourdonnais passa la Manche incognito, et descendit à Londres. Dès qu'on apprit, à *Westminster-Club,* que le célèbre joueur de Paris était arrivé à Joney's-Hôtel, *Leicester-Square,* une invitation poliment formulée lui fut envoyée, et la bataille ne tarda pas à s'engager entre les deux ennemis amis. Cette fois, M. de la Bourdonnais trouva un adversaire digne de lui : les Anglais n'avaient pas trop présumé de la force de leur champion. Ce fut une lutte vive, acharnée, intelligente, comme Londres n'en verra plus. La victoire pourtant devait rester à la France; elle fut claire pour tous les yeux, et triomphalement établie, par une série incontestable de coups décisifs.

Il faut le dire à l'honneur de l'Angleterre, les clubistes de Westminster se comportèrent dignement à la suite de cette mémorable bataille ; ils donnèrent à M. de la Bourdonnais un dîner splendide à *Blake-Hall,* sur la rive gauche de la Tamise, vis-à-vis Greenwich; les toasts furent portés avec des vins de France, le champagne et le clairet.

La mort de Mac-Donnel laisse depuis quelques années l'échiquier britannique dans un degré fort remarquable d'infériorité. La dernière partie, engagée par correspondance avec le club de Londres, a duré deux ans, et a été signalée du côté de l'Angleterre par des erreurs déplorables.

En 1838, un article inséré dans le *Palamède,* et relevé à Londres par le *Bell's-Life,* blessa les susceptibilités d'un pays qui compte le chancelier de l'échiquier parmi ses hauts dignitaires. Cet article rappelait le supplément à la bataille d'Iéna, que

M. Deschapelles donna au club de Berlin, et dont nous parlions plus haut.

Au bruit de la levée de boucliers qui partait de Westminster, M. Deschapelles sortit de sa retraite, et jeta le gant à l'Angleterre. Alors les protocoles commencèrent, en attendant les hostilités. Des députés du club britannique arrivèrent au club Ménars, à Paris, et furent reçus avec une urbanité toute chevaleresque. Il fut convenu que les notes diplomatiques seraient échangées à l'issue d'un grand dîner chez Grignon.

Toutes les notabilités du jeu furent convoquées chez le restaurateur du passage Vivienne; là se réunirent des artistes, des banquiers, des pairs, des députés, des gens de lettres, des magistrats, des généraux, des industriels, des médecins, des avocats, des rentiers, tout le personnel du club Ménars, enfin, sous la présidence de M. de Jouy. Le dîner fut très-amical : les Anglais burent à la France; les Français à l'Angleterre. Au dessert, les physionomies se rembrunirent, et le cartel fut mis sur la nappe pour dernier mets. On discuta jusqu'à deux heures du matin pour jeter les bases d'un traité de guerre convenable entre les deux nations. L'habileté du cabinet de Saint-James perça notoirement dans ces débats. A l'aurore, la question n'avait pas fait un pas. Il fut impossible de s'accorder; on ne conclut rien. M. Deschapelles, qui se préparait à faire aussi sa petite descente en Angleterre, rentra sous sa tente, et il ne resta de tout ce bruit que le souvenir d'un excellent dîner chez Grignon

Les soirées du club Ménars ont été fort animées en ces derniers temps, et elles ont eu, au dehors, un retentissement prodigieux, à cause des merveilleuses parties qu'a jouées M. de la Bourdonnais, le dos tourné à l'échiquier. Philidor, ce célèbre musicien et joueur d'échecs, avait, le premier, mis en vogue ces incroyables tours de force, et personne, après lui, n'avait songé à les renouveler. M. de la Bourdonnais avait toujours été vivement préoccupé de cette tradition, et ce laurier de Philidor l'empêchait quelquefois de dormir. Un jour, il essaya une de ces parties de combinaisons intuitives, et il réussit complétement; le lendemain il en joua deux, et ne fut pas moins heureux. Le bruit de ces parties courut la ville, et il émut vivement le monde de l'échiquier. On ouvrit alors les portes du club Ménars aux amateurs et aux curieux, et ce qui n'avait eu jusqu'alors qu'un nombre fort restreint de témoins adeptes éclata au grand jour d'une publicité solennelle. Ces deux parties se jouaient au club dans la grade salle du billard. M. de la Bourdonnais s'asseyait dans un angle, le dos tourné aux deux échiquiers, le front sur le mur, le visage dans ses deux mains. Un amateur indiquait à haute voix le mouvement stratégique de la *pièce* ou du *pion* avancé. Aussitôt M. de la Bourdonnais ripostait comme s'il avait eu l'échiquier sous les yeux. A mesure que les parties allaient à leur fin et que la double fosse se jonchait de pièces tombées, le croisement de ses milliers de combinaisons opérées par les coups antérieurs, les coups présents et futurs, et embrouillés à l'infini dans la mémoire du joueur aveugle, devenait si effrayant à l'imagination des spectateurs, qu'une solution heureuse semblait bien difficile, et une double victoire impossible. Qu'on ajoute ensuite aux inextricables difficultés inhérentes au jeu l'assaut continuel des distractions qui arrivaient de toutes les salles, le murmure des voix étouffées, le grincement des portes, l'agitation des pieds, les exclamations involontaires de surprise, les gammes prolongées des rhumes d'hiver, les salutations éclatantes et joyeuses des gens qui entraient sans se douter de rien, tous ces incidents enfin dont un seul peut dérouter l'attention et couper dans la mémoire le fil des combinaisons, et l'on se fera à peine une idée de ce miracle de l'esprit. L'analyse physiologique de ce travail intérieur est révoltante. On constate le fait, on ne l'explique pas.

Le joueur d'échecs qui s'est voué à son art avec passion mène une vie pleine d'émotion et de charme : c'est un général qui livre cinq ou six batailles par jour et ne fait de mal à personne, Il a toute l'exaltation du triomphe, toute la philosophie de la défaite, toute la volupté de la vengeance, comme dans la vie militaire; seulement il ne verse point de sang humain.

Le joueur d'échecs a adopté les formules des professions héroïques. Il dit :

— Hier j'ai battu le général Haxo. Et il sourit avec ovation.

Ou bien :

— Ce matin le général Duchaffaut m'a battu. Et il baisse les yeux modestement.

Il est ordinaire au club d'entendre des phrases comme celles-ci :

— Vous aviez une mauvaise position.

— Votre attaque a été faible sur la droite.

— Vous avez engagé bien imprudemment vos cavaliers.

— Le général a bien manœuvré pour sauver sa tour, etc., etc.

On croit toujours être au bivouac le soir d'une bataille. Et ce qu'il y a de mieux au fond de cette passion innocente, c'est que le dégoût et la satiété n'arrivent point; c'est que les illusions enivrantes de la veille recommencent le lendemain; c'est que, pour le joueur d'échecs, tout est vanité, hormis le *mat*. A la suite de ces batailles, il n'y a jamais de Cincinnatus désenchanté qui court à sa charrue; jamais de Charles-Quint philosophe s'acheminant vers l'ermitage de Saint-Just par dédain de la gloire et des hommes. Vainqueur, on reste sur le champ de bataille; vaincu, on ressuscite ses morts et on recommence le combat. Un peuple de spectateurs vous complimente ou vous console, selon la chance, six fois par jour. On passe sous des arcs triomphaux ou sous les fourches caudines ; et l'heure qui sonne à la pendule du champ clos vous retrouve toujours là, sur le même terrain, aujourd'hui contre des Anglais, demain contre des Russes, après-demain contre la sainte-alliance, ou en pleine guerre civile contre des Français, contre un parent, contre le meilleur ami. Gloire, émotion, intérêt, chagrin, joie de tous les moments et de tous les jours !

La vieillesse même ne vous arrache pas aux molles fatigues de ces campagnes. Il n'y a point d'hôtel des Invalides pour le héros de l'échiquier.

Voyez au club Ménars ce noble et frais chevalier de Barneville, c'est le contemporain de Philidor et de Jean-Jacques Rousseau ; il a joué avec Émile et Saint-Preux au café Procope ; il a reçu la pièce du grand Philidor. Louis XV régnant, il commençait sa partie par le *coup du berger classique,* à deux heures après-midi, avec quelque encyclopédiste du faubourg Saint-Germain ; aujourd'hui, à la même heure, il débute par le *gambit* du capitaine Evans avec M. de Jouy, avec M. de Lacretelle, avec M. Jay ; et cette figure de vieillard si fraîche, si calme, si bonne, a gardé les mêmes expressions de joie après une victoire, le même rayonnement de bonheur qui éclataient devant Jean-Jacques Rousseau ou d'Alembert. Quel magnifique et vivant plaidoyer en faveur des échecs, et aussi quelle hygiène puissante oubliée par la médecine! Cette bienfaisante activité de l'esprit, mise en jeu aux mêmes heures et appliquée au même but, régularise admirablement toutes les fonctions du corps et donne aux organes une routine d'existence facile que rien ne peut interrompre. Un joueur d'échecs n'a pas le temps d'être malade ni de mourir aujourd'hui, parce qu'il faut qu'il fasse sa partie demain.

A l'époque où les rois n'avaient autre chose à faire que de régner, l'échiquier était en haute vénération dans les cours; aujourd'hui le peuple, en affectant quelques-uns des pouvoirs de la royauté, a compris le jeu des échecs dans les conquêtes qu'il a faites sur les trônes. Aussi le noble jeu, devenu populaire d'aristocrate qu'il était, a fait des progrès immenses. Les Anglais, qui publient sur tout des volumes, qu'on lit peu en Angleterre et beaucoup ailleurs, ont imprimé quelques centaines d'ouvrages sur les échecs, et ils ont rendu service à l'art.

Autrefois, Lolli et le Calabrais faisaient autorité dans le jeu : ces auteurs, nés trop tôt, malheureusement, comme tous les écrivains qui n'ont pas le bonheur de vivre avec nous, ont perdu à peu près tout leur crédit en conservant encore dans une bibliothèque une place honorable quand ils sont proprement reliés. On a inventé depuis une foule de débuts de partie qui remontent, de fond en comble, l'économie classique de l'ancien jeu. Chaque pièce a son *gambit* qui porte son nom ; de sorte que Palamède, Tamerlan, Alexandre de Macédoine, Parménion, Sésostris, Confucius, Mahomet, Sélim II, Lusignan, Charlemagne, Renaud de Montauban, Lancelot, François I$^{er}$, Charles-Quint, tous ces grands hommes qui avaient de si hautes prétentions à la science de l'échiquier, tomberaient morts de surprise, aujourd'hui, s'ils ressuscitaient seulement devant le *gambit* du capitaine Evans.

Il est vraiment bien singulier que Palamède, qui a joué aux échecs dix ans consécutifs, devant les murailles de Troie, avec Agamemnon, Achille, Diomède, les deux Ajax, tous jeunes gens pleins de verve et d'imagination, n'ait pas deviné le moindre *gambit*. Ce fut Pâris, berger sur le mont Ida, qui inventa le *coup du berger* ; et Sinon, qui donna l'échec du cheval de bois au roi Priam, n'a pu créer le *gambit* du cavalier. Pourtant, quelles occasions ils avaient tous, alors, pour mettre le noble jeu en progrès ! Achille ne bougeait pas de sa tente, et jouait aux échecs avec Patrocle nuit et jour. Agamemnon, qui se battait peu, jouait avec le vieux Nestor. Ménélas, le front courbé et appesanti par ses infortunes conjugales, jouait avec Ulysse, l'inventeur. Sur mille vaisseaux à l'ancre, à l'embouchure du Simoïs, il y avait deux mille capitaines grecs qui cultivaient l'échiquier. On se battait une fois par trimestre, on se gardait bien de prendre Troie ; et, le lendemain, les parties recommençaient sur les hautes poupes, *celsis puppibus,* ou sur le sable de la mer. C'était un immense club d'échecs qui avait pour limite le Scamandre, les portes Scées, le cap Sigée et Ténédos. On conçoit que les nombreux chefs et rois qui bloquaient Ilium, et qui périssaient d'ennui, aient appelé à leur secours un jeu inventé, ou du moins perfectionné par leur camarade Palamède ; et que, maîtrisés par l'inépuisable attrait des combinaisons, ils aient laissé couler les heures brûlantes du jour, à l'ombre sous un sapin de l'Ida, sous une tente, dans un entrepont, et devant un échiquier.

La longueur de ce siége, qui déconcertait Voltaire et le Vénitien Pococurante, s'explique ainsi naturellement. Avec la donnée que nous hasardons ici, on conçoit très-bien cette longue retraite de sept ou huit ans, qu'Achille s'imposa sous sa tente, et qui, sans la puissante diversion des échecs, eût été impossible avec un caractère de jeune héros fort enclin aux vives locomotions de la guerre. Supprimez la tradition homérique des échecs, et vous ne vous rendrez pas compte de la conduite du fils de Thétis, anachorète sous un morceau de toile de six pieds carrés. Pareil raisonnement s'applique aux lenteurs, jusqu'alors énigmatiques, du siége. Tous ces rois, joueurs et passionnés, oubliaient Ilium, et les désagrements de Ménélas ; il fallait que l'infortuné mari d'Hélène leur peignît souvent, et avec vivacité, tout le tort qui résultait contre lui de ce long siége qui laissait vieillir sa femme enlevée, pour arracher les rois fainéants de l'armée aux douceurs de l'*échec et mat*. Ménélas voyait, au bout de dix ans, Ilion en ruines et sa femme aussi.

Le noble jeu avait donc fait le mal, et il le guérit. Ce fut donc l'échiquier qui fut la véritable lance d'Achille. Vous allez voir. Conseillé per Ménélas, le constructeur Épéus, *fabricator Epeus,* tailla une pièce d'échecs, grande comme une montagne, *Instar montis;* Sinon la fit manœuvrer, par des détours obliques, comme un cheval de jeu, et il *mata* le roi Priam : *mactat ad aras,* selon l'expression virgilienne. Il est fâcheux que l'*Iliade* et l'*Énéide* n'aient pas consacré cinquante vers à cette explication tardive : elle satisfera, j'espère, les savants et les commentateurs.

Les rois de l'Orient ont, de temps immémorial, l'habitude de passer leur vie nonchalante entre les échecs et le sérail. L'histoire cite un assez grand nombre de sultanes et d'obscures odalisques qui jouaient aussi bien que J.-J. Rousseau, lequel n'était pas très-fort, il est vrai, quoi qu'il en dise, l'orgueilleux !

Aux époques heureuses où la Russie et l'Angleterre laissaient vivre en paix les monarques de l'Asie, où la question d'Orient n'existait pas, ces brillants monarques, fils du soleil et amis de l'ombre, méditaient à fond la science de l'échiquier, et engageaient avec leurs voisins de paisibles guerres, dont l'enjeu était une belle esclave ou un bel éléphant. On lit dans un poëme inconnu ces vers :

> Le grand roi Kosroës perdit sur une case
> La rose d'Ispahan, la perle du Caucase,
> La belle Dilara, sérénité du cœur
> Qu'un mat livra soumise au pouvoir du vainqueur.

Nos roués de la Régence, qui jouaient leurs maîtresses au lansquenet, n'étaient que les plagiaires des mœurs antiques de l'Orient.

On raconte qu'un des petits-fils de Mahomet, le vieux Orchan, chef de la race ottomane, en 1359, faillit perdre aux échecs sa favorite Zaloué, *rayon du ciel,* en jouant avec son vizir. Au moment où le doigt sacré du fils de Mahomet allait pousser une *pièce* sur une case fatale, et subir un *mat* foudroyant, Zaloué, qui suivait la marche de la partie, derrière un rideau, poussa un cri sourd de désespoir qui arrêta le doigt mal inspiré. Orchan évita le *mat* et garda sa favorite. On rencontre ainsi souvent dans l'histoire plusieurs femmes mêlées aux anecdotes de l'échiquier.

De l'Orient à Venise, il n'y a qu'un pas. Le sénateur Flamine Barberigo, riche Vénitien, jouait avec la belle *Erminia*, sa pupille adorée, et ne lui donnait jamais d'autre distraction, car il était horriblement jaloux. Le palais Barberigo était la prison d'Erminia. A cette époque, Boy, le Syracusain, qui courait le monde, battant les papes et les rois, arriva à Venise. La renommée du Syracusain était chère à Venise, comme partout. L'illustre joueur fut appelé au palais Grimani, au palais Manfrini, au palais Pisani-Moreta, où les nobles seigneurs de la république s'étaient si souvent entretenus de l'illustre maître de don Juan d'Autriche et de Charles-Quint, de ce grand Boy, auquel le pape Paul III avait offert le chapeau de cardinal, après avoir été glorieusement maté en plein Vatican. Le sénateur Barberigo, le plus fort amateur de Venise, ouvrit aussi son palais au la Bourdonnais de Syracuse. Boy ne fit défaut à aucun, mais il se complut surtout dans la résidence de Barberigo, à cause de la pupille Erminia. C'était une demoiselle de haute intelligence qui ne s'était jamais promenée que sur les soixante-quatre cases de l'échiquier, et qui rêvait un avenir meilleur ; elle prit d'excellentes leçons de Boy, et, à la dernière, elle disparut avec Boy le Syracusain. La maison Barberigo ne s'est pas relevée de cet échec.

Arrivons maintenant à la partie morale du jeu : il

serait à désirer que la science de l'échiquier fût cultivée dans les colléges, où nous apprenons tant de choses fastidieuses qui ennuient l'enfant et ne servent pas à l'homme. Il y a, au fond du jeu d'échecs, une philosophie pratique merveilleuse. Notre vie est un duel perpétuel entre nous et le sort. Le globe est un échiquier sur lequel nous poussons nos pièces, souvent au hasard, contre un destin plus intelligent que nous, qui nous *mate* à chaque pas. De là, tant de fautes, tant de gauches combinaisons, tant de coups faux! Celui qui, de bonne heure, a façonné son esprit aux calculs matériels de l'échiquier, a contracté, à son insu, les habitudes de prudence qui dépasseront l'horizon des cases. A force de se tenir en garde contre des piéges innocents, tendus par des simulacres de bois, on continue dans le monde cette tactique de bon sens et de perspicacité défensive. La vie devient alors une grande partie d'échecs, où l'on ne voit, à tous les lointains, que des fous qui méditent des pointes contre votre sécurité. Tout homme qui vous aborde est une *pièce,* ou un *pion;* alors, on le sonde, on le devine, et on manœuvre en conséquence. Il ne faut point craindre, toutefois, que cette tension continuelle d'esprit ne dégénère en manie et ne préoccupe les facultés au point d'altérer la sérénité de l'âme. Les joueurs d'échecs sont des gens fort aimables et fort gais; M. de la Bourdonnais, homme d'esprit charmant, fait sa partie en semant autour de lui les bons mots et les joyeuses saillies, ce qui ne le détourne jamais d'un coup de mat. Ainsi, grâce à l'habitude, l'homme se fait une seconde nature de la combinaison perpétuelle : il ne sent même pas fonctionner en lui ce mécanisme d'intelligence qui ne s'arrête jamais; les ressorts, mis en jeu par une première impulsion, le servent à son insu et sans l'ordre de sa volonté.

Combien de joueurs d'échecs se sont tirés, dans le monde, d'une mauvaise position, par d'habiles calculs, sans se douter qu'ils dussent leur science de conduite au culte de la combinaison ! Puissent nos réflexions augmenter la congrégation, déjà si nombreuse, des fidèles de l'échiquier ! Il y aura moins d'ennui dans les cerles, et moins de fautes dans l'univers.

# VARIATIONS DE L'ÉGLISE FRANÇAISE

Bossuet a fait un livre que personne n'a lu, hormis les jeunes séminaristes de Saint-Sulpice et d'Issy ; ce livre est intitulé : *Variations de l'Église protestante*. L'évêque de Meaux y a réfuté M. Mignet avec cette éloquente logique qui caractérise le Démosthènes de l'oraison funèbre. Il y aurait aujourd'hui un nouveau livre à faire sur les variations d'une autre Église que nous avons vu poindre il y a bientôt dix ans. En attendant l'histoire, voici l'article.

Le lendemain du 29 juillet, de tricolore mémoire, beaucoup d'hommes oisifs songèrent à prendre un état : les uns se firent rois, d'autres présidents à vie ; un de mes amis fonda une dynastie de son nom, un de mes ennemis se fit premier consul ; ceux qui avaient une ambition un peu plus élevée se firent dieux ; dans ces derniers, nous devons donner la première place à l'abbé Chatel.

L'abbé Chatel se proposa de continuer Jésus-Christ ; il prit l'Évangile, le traduisit en français et se lança parmi les scribes et les pharisiens de la rue de Cléry. Il prit à bail la salle des commissaires-priseurs et mit la religion au rabais ; il fonda les messes économiques et les sermons à deux sous.

Il eut pour clientèle quelques soldats désœuvrés et les servantes de la rue Bourbon-Villeneuve et du Petit-Carreau. Comme il ne demandait d'argent à personne, personne ne lui en donna ; la cire de l'autel et la lampe du sanctuaire ruinaient l'abbé Chatel à vue d'œil ; il fit des lettres de change tirées sur le Saint-Esprit ; les huissiers entrèrent, le chapeau sur la tête, dans la maison de Dieu ; on mit les scellés sur le tabernacle ; le propriétaire, qui avait pris le bail au sérieux, confisqua les vases sacrés. Chatel essaya, comme Jésus-Christ, de chasser les trafiquants du temple ; ces choses-là ne réussissent pas deux fois : les trafiquants chassèrent l'abbé Chatel.

Chatel ne donna pas sa démission de dieu ; quand on a tâté des honneurs, on y tient : n'est pas dieu qui veut ; il se mit à courir la bonne et vaste cité de Paris, demandant une localité convenable où sa divinité pût faire élection de domicile. Partout les propriétaires s'informaient gravement si M. le dieu avait assez de meubles pour garantir le bail; Chatel baissait la tête, et se contentait de dire anathème à chaque propriétaire; au bout d'un mois, il avait excommunié tous les électeurs parisiens, mais il était toujours sur le pavé.

Martin, le dompteur de bêtes fauves, venait de quitter son hangar du boulevard Bonne-Nouvelle; la place était encore toute chaude; il y restait bon nombre de cages vides pour cause de décès : c'était un hôtel garni sans locataires. L'abbé Chatel s'y installa fièrement; il prit texte de l'étable de Bethléem pour s'excuser à ses yeux de sa profanation. Il jeta des flots d'eau bénite dans la cuve du crocodile, bénit la cage du lion Néron décédé, et en fit un autel. On grava sur le fronton extérieur, entre deux têtes peintes de léopard : *Église française*, et les fidèles furent appelés.

Le décor intérieur subit quelques changements notables et de bon goût : l'abbé Chatel excelle dans le décor; il mit une châsse de saint Vincent de Paul dans une belle cage bien grillée; on lisait sur le haut de la châsse : *Tigre du Sénégal*. Il inaugura une petite statue de Fénelon dans la loge d'un mandrille mort poitrinaire et se fit enfin une belle chaire avec la plus grande des cages, soigneusement recouverte d'une tenture cramoisie.

Ce fut longtemps un étrange mystère pour les promeneurs du boulevard Bonne-Nouvelle; ils entendaient chanter en passant : *Le Seigneur dit à mon Sei-*

*gneur : Asseyez-vous à ma droite,* et ils ne pouvaient se rendre compte de cette lubie de Martin, qui faisait chanter en chœur les psaumes de David à sa congrégation d'animaux. Il s'en trouvait qui disaient ingénument : « Ah ! je comprends ; voilà comme il les apprivoise ! » A l'heure des complies, lorsque le chœur entonnait le verset : *Celui qui a confiance en Dieu marche sur le lion et le dragon,* le saisissement était visible sur le boulevard, mais on s'expliquait toujours avec peine cette rage de piété qui, tout à coup, s'était emparée de Martin. Souvent un excellent rentier descendait du Marais par l'omnibus, avec toute sa famille, pour admirer le dompteur de monstres ; il présentait sa pièce de six francs au bureau, et on lui rendait de l'eau bénite. Il entrait, rassurant sa femme qui entendait mugir le serpent, et, cette pauvre famille d'innocents restait clouée par les pieds sur la première planche en voyant l'abbé Chatel en chasuble, qui leur disait : *Que le Seigneur soit avec vous !* et leur donnait sa bénédiction.

Eh bien ! avec tous ces éléments de vogue, l'abbé Chatel ne faisait pas ses frais. Martin avait été plus heureux que Dieu. Le prix du bail était exorbitant ; un adepte promenait un bassin qui s'en revenait vide à la cage des marguilliers. La cire et l'huile étaient en souffrance. Le jour de Pâques, Chatel se vit forcé, pour acheter le cierge pascal, de mettre au Mont-de-

Piété un tigre empaillé oublié par Martin. Le boulevard Bonne-Nouvelle est fort impie de sa nature; les mauvais sujets du Gymnase l'ont perverti. Ce quartier philosophe ne versait pas une obole dans le tronc de Chatel. Les lettres de change furent protestées; les recors arrivèrent de rechef, Dieu fut déclaré en faillite par jugement du tribunal de première instance séant à Paris. La formidable contrainte par corps fut annoncée à Chatel; on allait l'écrouer à Sainte-Pélagie, sainte qui n'était pas dans ses litanies; il n'eut que le temps de se sauver vers une mansarde du Jardin-des Plantes, déguisé sous une peau de lion qui servait de nappe d'autel.

Chatel se vit justement alors dans la position des évêques de la primitive église. Il avait trouvé des Domitien, des Festus, des Hiéroclés, des persécuteurs dans la personne des huissiers, des gardes du commerce, des recors. A l'exemple de Marcellin, il se retira dans le cimetière du Père-Lachaise, et pria pour lui en bénissant la ville et le monde. Il dormait sous la pyramide tumulaire de Masséna, buvait l'eau claire de la vallée Élyséenne, et, pour simplifier ses repas, il jeûnait. Des jours assez calmes lui étaient promis; il entrevoyait même l'aurore libératrice de Constantin, et la chute du tyran Maxence, représenté par l'huissier Rigal, dûment assermenté; hélas! le feu de la persécution ne devait pas sitôt s'éteindre pour lui !

A l'exemple de Paul, il avait coutume, à minuit, de gravir la colline du cimetière, la colline qu'on appelle le mont Louis. Là il chantait des psaumes, non ceux de David, mais les siens, qu'il trouvait meilleurs, parce qu'il les avait faits. Le concierge qui garde les morts, et ne les perd pas de vue, avisa une nuit de sa croisée quelque chose qui ressemblait à un vivant. Il prit son fusil à deux coups, et, de tombe en tombe, arriva inaperçu sur le mont Louis, en poussant un *Qui vive?* qui fit tressaillir les morts. Chatel était leste : il bondit comme un chevreuil relancé, courut, au vol, dans le quartier aristocratique du cimetière, la Chaussée-d'Antin de la Nécropolis, et se réfugia au sein de la famille de marbre d'un boyard russe, entre la statue de son fils éploré et la statue de sa veuve inconsolable qui vient de se remarier à Moscou.

Malheureusement il avait affaire à un concierge qui connaît le personnel de sa funèbre galerie : ce terrible explorateur découvrit facilement sur le sarcophage une statue de marbre noir qui n'appartenait pas à la famille blanche du boyard. D'ailleurs, cette statue portait un chapeau de castor ; Chatel ne s'était pas découvert à cause de l'humidité.

— Que faites-vous là, monsieur? cria le concierge à la statue noire.

— Je prie Dieu sur la montagne, répondit la statue.

— Voulez-vous bien descendre, ou je vous tire un coup de fusil?

Chatel chanta le verset du psaume VI : *Retirez-vous de moi, vous tous qui commettez l'iniquité.*

— Veux-tu bien descendre, encore une fois, te dis-je?

— *Je suis comme un sourd qui n'entend point, je suis comme un muet qui n'ouvre point la bouche.* (Psaume XXXVII.)

— Eh bien ! je vais te faire entendre, moi ; à la troisième sommation, je fais feu.

— *Je suis comme le pélican dans les déserts, je suis comme le hibou dans son domicile.* (Psaume CI.)

— Veux-tu descendre, corbeau ?

Et le concierge furieux coucha en joue l'abbé Chatel. L'abbé Chatel descendit, et dit avec beaucoup de douceur au portier des morts :

— Me prenez-vous pour un voleur, vous qui venez ainsi au milieu de la nuit avec des armes et des bâtons ?

Le concierge le saisit au petit collet et le mit à la porte.

— Si vous rentrez une autre fois chez nous, lui dit-il d'un air menaçant, je vous envoie sous ce saule pleureur.

L'abbé Chatel traversa Paris et se dirigea vers les Catacombes, pour s'y ensevelir, à l'exemple de saint

Sébastien. Il a depuis été condamné trois fois par défaut par l'impie tribunal de commerce de Paris.

La religion allait périr sous cette procédure athée, lorsqu'un vengeur fut suscité. L'abbé Lejeune acquit le fonds de Chatel ; il fallait du courage pour recommencer une nouvelle exploitation de l'église française ; l'abbé Lejeune est entreprenant, il trouva d'abord un local : c'était un hangar, au-dessous du niveau du pavé de Paris, boulevard Beaumarchais, n° 25. Pour économiser les tentures, l'abbé Lejeune tapissa son église avec des versets de psaumes, traduction Chatel. Le commerce parut marcher assez bien ; le faubourg Saint-Antoine ne donnait pas trop, mais il se manifestait quelque mouvement pieux sur le boulevard des Filles-du-Calvaire. Un jeune ébéniste de la rue de Charonne, qui avait lu le *Citateur*, de Pigault-Lebrun, et qui passait pour un philosophe accompli, vint contracter l'union sacramentelle du mariage dans le hangar de l'abbé Lejeune. Ce fut une véritable fête ; le hangar s'illumina de quatre cierges ; on le farcit de drapeaux, on emprunta au voisin, le marchand d'occasion, deux antiques tapis des Gobelins, représentant *Télémaque, Calypso et ses Nymphes nues,* sur lesquels l'abbé Lejeune installa ingénieusement le buste de Fénelon. L'époux ébéniste et philosophe engagea une thèse avec l'officiant à l'*Orate, fratres,* sur le mystère de l'incarnation ; l'abbé Lejeune fit servir des rafraîchissements après le *Credo*. Un vénérable monsieur, qui a vu passer Voltaire sur le quai Voltaire en 1778, s'attendrissait de joie à cette touchante cérémonie.

— Ça fera bien du mal aux curés et aux jésuites! disait-il tout ému; voilà la religion qu'il faut à l'homme aujourd'hui! C'est pourtant à M. de Voltaire que nous devons cela!

Et il déposa un sou dans le bassin pour l'entretien du culte de l'abbé Lejeune.

L'abbé Lejeune triomphait; la place de la Bastille se faisait sensiblement dévote; on apercevait quelques symptômes de conversion dans la rue Contrescarpe, et sur la rive droite du canal de l'Ourcq. L'église orthodoxe de Saint-Louis-des-Marais commençait à redouter une concurrence. Le hangar se meublait pièce à pièce; la générosité des fidèles envoyait à l'abbé Lejeune, tantôt une fleur artificielle flétrie sur un chapeau de dame au dernier carnaval, tantôt un verre de cristal, à pied boiteux, pour doubler le calice, tantôt une nappe jaune qui avait fait son temps au *Cadran-Bleu*. L'abbé Lejeune disait avec componction :

— Ça marche! ça marche!

Et il regardait les tours de Notre-Dame et le Panthéon, comme Bonaparte, lieutenant d'artillerie, regardait le Château royal.

Le 26 avril dernier, le propriétaire du hangar-Lejeune, qui n'était pas payé au terme, comme tous les capitalistes qui ont le malheur d'avoir Dieu pour locataire, arriva, le marteau en main, pour démolir le hangar. L'abbé Lejeune lui fit une allocution, où il le comparait à Nabuchodonosor, à Antiochus, à Sennachérib, à Sardanapale, à tous les rois sacriléges qui avaient porté l'abomination de la désolation dans le parvis de l'arche sainte ; il lui prédit même que s'il portait un seul coup de marteau sur la charpente de cèdres du Liban, deux anges descendraient sur deux chevaux blancs pour battre de verges le nouvel Héliodore du boulevard Beaumarchais. Le propriétaire du hangar plongea ses deux mains dans les poches de sa redingote de castorine, et dit à l'abbé Lejeune qu'il se moquait des anges et de leurs chevaux ; qu'il avait des contributions à payer au percepteur de la rue Saint-Louis, et qu'il exigeait son terme, échu deux fois, et jamais payé ! L'abbé Lejeune proposa au propriétaire de faire donner, le soir même, une représentation à son bénéfice; le propriétaire refusa; l'abbé Lejeune offrit un tronc; le tronc ouvert, il n'y avait rien. Un maçon fut incontinent mandé, la charpente s'écroula, les murs se lézardèrent, les anges d'Héliodore ne parurent pas.

L'abbé Lejeune s'ouvrit une souscription au pied de la colonne de juillet, figurée en échafaudage : la place de la Bastille s'émut de compassion tendre ; la souscription eut un grand succès de plaintes et de gémissements ; l'aumône fut plus réfractaire ; l'abbé Lejeune se recommanda au génie de Chatel, et demanda l'hospitalité, pour le compte de Dieu, à la porte d'un autre hangar situé rue de la Roquette, n° 18. Il fallut se faire là une nouvelle clientèle ; les dévots du boulevard Beaumarchais retombèrent dans l'impénitence finale, et prêtèrent même secours aux démolisseurs du temple de Dieu, n° 25. L'abbé Lejeune prit un cilice, se macéra, jeûna surtout, se retira en contemplation sur la butte Montmartre. Sa voix criait dans le désert comme celle de saint Jean ; aucun diable de l'Opéra ne vint pour le tenter, ni pour l'emporter sur le pinacle du temple, ni pour changer les pierres en pain. Un autre malheur vint accabler le successeur de Chatel.

Cet autre malheur se nommait l'abbé Auzou, un de ces prêtres toujours prêts au schisme, et ne pouvant pardonner au pape le crime de ne les avoir pas faits archevêques. Auzou voulut exploiter la petite et expirante clientèle que Chatel avait ébauchée dans la fosse aux lions d'Habacuc, la ménagerie de Martin. Auzou fit faire à Dieu élection de domicile boulevard Saint-Denis, n° 10.

Cette fois, le hangar prit une physionomie de chapelle : c'était beaucoup plus décent que les cages bénites, et la crèche de Chatel et Lejeune. Auzou tenait surtout à l'honneur de prouver au peuple qu'il ne faisait pas spéculation de prières, qu'il ne tenait pas bureau de messes, comptoir de sermons ; que son seul désir était de ramener au culte du vrai Dieu les Madeleines de la rue Beauregard et de détruire le culte des marchands de vin. A cet effet, il fit imprimer le placard suivant, que vous pouvez lire en vous promenant sur le boulevard Saint-Denis :

Chaises. . . . . . . 1 sou.
Mariages. . . . . . . 2 sous.
Décès. . . . . . . . 2 sous.
Naissances. . . . . 2 sous.
Sacrements. . . . . Idem.

Il faut convenir qu'on n'est pas plus modeste que cela. Quelle formidable concurrence avec la paroisse de Bonne-Nouvelle ! Qu'on s'avise de se marier sur cette paroisse, on ne se tire pas de l'hyménée à carreaux de crépines d'or à moins de cent écus. Il y a de quoi dégoûter de l'hymen ; aussi voyons-nous tant de bons catholiques qui toute leur vie lui préfèrent son frère, le fol amour. Qu'on s'avise de naître ou de mourir sur ladite paroisse : on est ruiné au berceau ou à la tombe ; mieux vaut rentrer dans le néant ou se faire empailler sous cloche dans son cabinet. L'abbé Auzou a reconcilié les fidèles avec la vie et avec la mort. Il fait naître et mourir ses paroissiens avec économie : vous naissez pour deux sous; vous mourez pour le même prix; il ne faut pas avoir deux sous dans sa bourse pour se refuser le plaisir d'un berceau et d'une inhumation. Les sacrements sont tous sur un pied raisonnable; un bourgeois économe, qui a fantaisie d'une extrême-onction, peut se passer ce petit caprice au meilleur marché. Le mariage de M. Auzou est aujourd'hui une chose tellement à la portée de toutes les fortunes, que le concubinage n'a plus d'excuse. C'est un grand pas de fait vers la moralisation. Il y aura beaucoup moins d'enfants-trouvés perdus.

L'abbé Auzou a un joli autel à six flambeaux, une chaire de bois blanc, une tribune, un crucifix sortable, et, aux deux côtés de son autel, il a placé saint Vincent de Paul et Fénelon. Si le pape savait cela, il tomberait le front contre terre, comme le grand prêtre Héli. L'abbé Auzou a marché sur les brisées du Vatican ; il a canonisé l'auteur de *Télémaque*. Le buste du saint est représenté au moment où il dit : *Calypso ne pouvait se consoler du départ d'Ulysse.* L'abbé Auzou, sans mettre aux prises l'avocat du ciel et l'avocat du diable, a inscrit Fénelon sur la légende. L'abbé Auzou sera excommunié de *fait*, puisqu'il l'est déjà de *droit, jure et facto,* comme disent les sacrés canons.

En cinq ans, l'Église française a donc essayé

d'élever autel contre autel. Les siens s'écroulent déjà; les autres sont encore debout. La religion n'a rien à démêler avec ces variations; la religion peut braver impunément les folies des Chatel, comme les cérémonies libertines du curé de Saint-Roch.

# DEUX HISTORIENS

Leurs noms n'ajouteraient rien à la moralité de ce récit. Ce ne sont pas deux anonymes, mais deux historiens.

L'un a débuté dans le roman, sous le règne de M. de Jouy :

« Il marche sur les traces de M. Lamothe-Langon, » disait le *Miroir*, journal de déjeuner sous la Restauration.

L'autre a débuté dans la fable, sous le règne de M. Arnault :

« Il marche sur les traces de Lamothe, » disait la *Minerve*, folle Revue de ce temps.

L'été dernier, au mois de juin, ces deux historiens se promenaient aux Tuileries, allée Méléagre ; il était huit heures du soir.

Leurs costumes annonçaient deux historiens graves, et qui ont jeté un coup d'œil profond dans les ténèbres historiques du passé. Ils portaient deux habits noirs, façon 1812; deux pantalons bleus, larges sur les cuisses, à grand pont, et rétrécis vers les gaînes inférieures, où ils laissaient à découvert les cordons de souliers, noués en 8, verticalement.

L'ex-romancier disait :

— Ce cher Jules Naudin ! il n'a pas vieilli ! Depuis combien de temps ne l'aviez-vous pas vu ?

— Depuis dix ans, répondait l'ex-fabuliste.

— Comme moi. Il nous a congédiés un peu lestement après son dîner, n'est-ce pas ?

— Oh ! il est fort excusable... Jules Naudin arrive des Antilles par le Havre; il traverse Paris; il part pour Bordeaux après-demain, et ce soir il va à l'Opéra. Nous n'allons pas à l'Opéra, nous; nos loisirs du soir sont mieux occupés. Son dîner, d'ailleurs, était fort bon.

— Oh ! Jules Naudin a toujours très-bien traité ses amis. Vous l'avez beaucoup connu, comme moi, de 1840 à 1842 ?

— Je ne le quittais presque pas à cette époque.

— Moi aussi; nous vivions dans l'intimité, comme deux Pylades.

— Il était encore un vrai coureur d'aventures, en ce temps-là.

— Lui ! oh non ! il avait une vieille liaison, rue Cassette, et qui est morte, par parenthèse, et il s'en tenait là.

— Moi, je ne lui ai jamais entendu parler de la rue Cassette...

— Oh ! il ne parlait que de cela !

— Je lui ai connu, moi, deux petites intrigues dans la rue Miroménil, et une troisième avec une Dugazon de Feydeau.

— Ah ! par exemple, je puis vous affirmer qu'il n'a jamais mis les pieds à Feydeau. Il détestait la musique.

— Mais cela n'empêche pas d'aimer une Dugazon.

— Il n'a jamais aimé que la rue Cassette ; il ne sortait pas de là... C'était encore alors un très-beau blond.

— Blond ! dites-vous... Avant qu'il fût chauve, j'ai toujours connu Jules Naudin brun.

— Vous confondez avec son frère.

— Il n'a pas de frère ; il n'a qu'une sœur.

— Eh ! bien ! sa sœur est blonde : vous avez confondu avec sa sœur.

— Son caractère m'a paru bien changé.

— Pas trop.

— Il était fort querelleur en conversation.

— Tiens ! je ne lui ai jamais trouvé ce défaut ; il

péchait même par l'excès contraire. Naudin était de l'avis de tout le monde : je le lui ai reproché cent fois.

— Enfin, nous avions souvent, lui et moi, des discussions sur la politique... Vous savez qu'il appartenait à l'opposition très-avancée?

— Lui! Jules Naudin, de l'opposition! Allons donc! c'était un conservateur forcené!

La conversation prenant ainsi un certain caractère d'aigreur entre ces deux historiens, un grand silence s'établit subitement : ils étaient devant la statue de Méléagre.

— Voilà une belle statue, dit l'un des deux.
— Très-belle, répondit l'autre.

Ils se serrèrent les mains du bout des doigts, et se séparèrent avec un sourire aigre-doux.

L'ex-romancier, rentré chez lui, se mit au travail.

Il ouvrit son manuscrit et se fit ce monologue à voix basse sur un air fredonné de vaudeville :

— Voyons, où en suis-je de mon histoire de Valentinien I$^{er}$... année 364... ère chrétienne... Bon! j'ai commencé le portrait de Valentinien... J'en suis là... Poursuivons...

Et il écrivit le portrait de Valentinien I$^{er}$ :

« Valentinien, frère de Valens, était de haute taille ; ses cheveux étaient bruns et crépus ; il avait le front large, mais un peu déprimé du côté gauche; ses yeux, d'un vert fauve, exprimaient des passions violentes; son nez ne manquait pas d'une certaine majesté aquiline; sa bouche, aux lèvres épaisses, annonçait des appétits féroces. On remarquait en lui un tic nerveux assez bizarre; il se mordait continuellement la lèvre supérieure, et parfois il la faisait saigner. Valentinien avait un caractère doux, malgré toutes ces apparences physiques, et rarement il se mettait en colère. On l'accuse pourtant d'avoir voulu assassiner son frère Valens; mais, revenu à une idée meilleure, il se contenta de l'envoyer régner en Orient, où il fit la guerre aux Ostrogoths. »

Le second historien, rentré chez lui comme l'autre, travaillait à son Histoire ancienne, et il traça, sans hésiter, le portrait d'Antiochus XIII. Nous pouvons déjà offrir ce portrait à nos lecteurs :

« Antiochus régna soixante-dix ans avant Jésus-Christ. On le surnomma l'*Asiatique*, parce qu'il reconquit une partie de la Syrie, perdue par Eusèbe son père. Antiochus XIII était d'une taille au-dessus de la moyenne; il était blond, quoiqu'il descendît de Tigrane, roi d'Arménie, qui était brun. Il avait dans le regard cette expression sombre, déjà remarquée chez Alexandre Zebina, fils de Bala, et chez le grand Séleucus, ses aïeux. Antiochus XIII n'aima qu'une seule femme, la belle Sideta, jeune Arménienne, et il lui fut fidèle jusqu'à la mort. Son règne fut tourmenté par de grands soucis domestiques; Eusèbe et Nicator, ses deux parents, firent toutes sortes de tentatives déloyales pour lui enlever le cœur de la belle Sideta; on a même osé affirmer que la jeune Arménienne aurait prêté une oreille trop complaisante aux tendresses de Nicator, ce que nous ne craignons pas de signaler comme une calomnie inventée par les ennemis d'Antiochus. »

Ces deux histoires seront bientôt livrées à l'impression, et les lecteurs se feront surtout une juste idée de Valentinien I$^{er}$ et d'Antiochus XIII, deux portraits tracés avec une assurance magistrale par deux historiens qui n'ont pu se metttre d'accord sur les mœurs et le caractère de Jules Naudin, leur intime ami.

Toutes les histoires, ou presque toutes, sont écrites par des amis d'un Jules Naudin.

# UBIQUITÉ DE L'ANGLETERRE

Lorsque l'Angleterre se fit protestante, elle embrassa le catholicisme de la domination ; son île devint un astre qui rayonna sur les mers et les continents.

Le vers de Virgile a cessé d'avoir raison ; les Bretons ne sont plus séparés du reste de l'univers ; on les rencontre partout : comme le flot qui baigne Liverpool, Douvres, Brighton, est le même flot qui va couper en deux la Nouvelle Zélande, tournoyer dans l'archipel des îles Sandwich, s'échauffer aux Philippines, ou se glacer à la baie de Baffin, les Anglais sont autorisés à se croire partout chez eux ; partout ils trouvent leur compatriote l'Océan, vieille divinité ossianique qui les a endormis au berceau, qui les protége de sa ceinture, les enrichit de ses dons, les réjouit de son calme ou de sa fureur. Le positif vient ensuite en aide à l'imagination ; à quelque terre lointaine et inconnue où le vent les pousse, ils ont toujours, à fond de cale, une provision de léopards, avec la devise : *Dieu et mon droit ;* et ils clouent leur blason sur le premier arbre du rivage, ou sur un quartier de roc à défaut d'arbre, afin de constater l'acte de propriété ; le cessionnaire est la nature, Saint-James, l'acquéreur ; le notaire, Dieu.

Il y a quelques années, une île sortit de la Méditerranée comme une orange ; cette île n'appartenait à personne ; le roi de Naples prétendit se l'adjuger, attendu qu'elle gisait dans les gouttes d'eau qui lui appartiennent : l'Angleterre intervint, en soutenant que l'île improvisée par la mer était une fille naturelle de l'île de Malte, et qu'elle rentrait ainsi de droit sous le pavillon de la métropole. On allait plaider la cause, je ne sais devant quel tribunal. Pendant que les avocats préparaient leurs dossiers à Naples et à Londres, l'île retomba au fond de la mer. La nature se permet rarement des plaisanteries contre l'Angleterre, mais il faut convenir qu'elle les choisit bien quand elle en fait. Ce n'était pas au moins que l'Angleterre se souciât de cet îlot : elle voulait seulement consacrer son droit de propriété éventuelle sur toutes les îles ou les continents que notre planète peut produire à l'avenir.

Londres est le séminaire de l'univers ; l'Angleterre tient dans sa main les lignes croisées parrallèles à l'équateur ou au méridien de Greenwich, comme une araignée au centre de sa toile ; chaque secousse retentit à Westminster. Cook avait bien raison de se croire chez lui lorsqu'il disait dans les eaux de Bligh : *Amis, nous passons sous la grande arche du pont de Londres ;* il y avait pourtant tout le diamètre du globe entre les deux.

Depuis Cook, l'arche s'est singulièrement élargie. Je ne m'étonne point que le successeur de Tamerlan ait demandé à Victor Jacquemont si la France est un pays où l'on parle anglais.

On s'est récrié de surprise en apprenant qu'une Anglaise fait élection de domicile sous un cèdre du Liban, et une autre dans le tombeau de Moïse, lequel n'a jamais été enterré. Le Liban est à nos portes, là n'est pas la merveille. Parcourez en imagination le Pannipul, le Kithul, les deux versans de l'Himalaya, vous trouverez de riches Anglais, domiciliés d'étage en étage sur les montagnes, comme si ces montagnes étaient des maisons de Regent's-Street. Dans la terre de Diemen, cette vaste et orageuse solitude, il y a trois journaux où l'on fait des *premiers-Diemen*, et des sociétés savantes où l'on travaille pour le bonheur de l'humanité polaire ; dans les villes indiennes de la Compagnie, on joue des drames indous, avec des sentences de Confucius et les incarnations de Brama ; ces drames sont tirés du théâtre indou, antérieur de quatre mille ans à Shakspeare, et traduits en anglais par M. Wilson.

Vous allez à Calcutta, vous trouvez assis sur le trône du grand Mogol un Anglais, lord William Bentinck; il a une petite maison montée sur le pied de six mille serviteurs, et d'une escorte de deux régiments, cavaliers et fantassins. L'autre soir aux Italiens, j'ai failli m'évanouir en voyant entrer ce même William Bentinck, qui vient de Calcutta pour entendre Lablache et Grisi. Cela nous étonne, nous, Parisiens, qui prenons des airs de Humboldt en revenant du Havre.

Dans la naïveté de mes souvenirs, j'aimais quelquefois à me représenter Otahiti, ou la nouvelle Cythère, dans sa pure et virginale atmosphère des beaux jours de Bougainville et de Cook. Je suivais souvent, en esprit, ces agiles gondoles, où les amants se parlaient d'amour, avec une ceinture de pampres verts, comme nos pères de l'Éden. La nouvelle Cythère est un comptoir anglais; il y a des restaurateurs à la carte sous les ombrages d'Amathonte; on a établi un club sous le palmier de Cypris; dans les boudoirs de Gnide, on jure en anglais.

A vingt-deux degrés de l'autre côté de l'équateur, dans la même mer, à Owihée, ce ne sont plus les sauvages qui poignardent les matelots de l'*Endeavour*, ce sont les matelots qui rossent les sauvages. Cook rirait bien s'il voyait la plage où il a été assassiné; on y a bâti un Wauxhall.

Zone torride, zone tempérée, zone glaciale, tout climat convient aux Anglais.

Deux malheureux matelots hollandais, échappés d'un naufrage dans les mers polaires du nord, gagnèrent une île en sautant de glaçons en glaçons; mourants de fatigue, ils s'assirent sur le rivage, au pied d'une croix : c'était l'île des Croix; ils lurent sur un écriteau de fer-blanc, cloué au bois, cette pompeuse phrase : *Prise de possession de l'île des Croix, au nom de Georges IV, roi d'Angleterre, de France et de tous les pays situés au nord de la baie de Baffin.* C'est accablant !

Les particuliers imitent les allures excentriques du gouvernement. Les voyageurs anglais sont les pensionnaires de toutes les tables d'hôte de l'univers : en France, c'est l'individu qui voyage; en Angleterre, c'est la famille.

J'ai rencontré sur les paquebots de la Méditerranée un amiral anglais qui courait le monde depuis sept ans, escorté de sa maison de Picadilly; à son départ de Londres, il n'avait que deux enfants; le voyage lui en avait donné cinq autres, nés sur cinq points différents, à Smyrne, à Constantinople, au Caire, à Venise, en pleine mer. Cet excellent amiral me racontait ses aventures domestiques avec une admirable simplicité, non pas dans l'intention vaniteuse de m'apprendre quelque chose de surprenant, mais par forme de conversation oiseuse entre passagers.

Aussi les Anglais ont-ils imposé au monde entier leurs mœurs, leurs habitudes, leur cuisine; à Rome, à Naples, comme au Caire, comme à Constantinople, on trouve l'*english fashion*. Les auberges ont des enseignes anglaises et un domestique de Londres : on prend le thé partout; partout on trouve les vingt-cinq sauces ou coulis qui accompagnent les viandes anglaises; les Français sont obligés de se mettre à la suite de leurs chers voisins : heureusement les Français s'accommodent de tout.

Si les Anglais ne gâtent pas la cuisine, ils gâtent le paysage, et c'est un tort. Les Anglais visitent les ruines, comme ils visitent tout, avec un flegme qui pourrait passer pour de l'ignorance si l'on ne connaissait leur amour pour les beaux-arts, eux qui les payent si bien. A Calcutta, à Bombay, à Delhy, au Diemen, à l'île des Croix, les Anglais sont convenablement placés; mais une famille des leurs dans l'arène du Colysée ou sur l'épine d'un cirque, dépare le monument.

Un jour, j'arrivai seul devant les temples de Pœstum, afin de jouir de l'aspect de ces ruines, bien plus belles encore de leur isolement. Je trouvai, dans le premier temple, une famille anglaise à table sur un chapiteau; les domestiques, la serviette sur le bras; le champagne au frais, dans un buisson, sans eau.

Trois colonnes m'avaient dérobé la berline et le fourgon ; les chevaux mangeaient l'avoine dans une cuve de sacrifice. Je repris le chemin de Naples tout de suite : je revins le lendemain, une autre famille avait pris la place de la première à la table du chapiteau ; on m'a dit que c'était ainsi tous les jours. Je ne m'étonne pas qu'il n'y ait plus de roses à Pœstum.

M. Alberti, voyageur de Venise, me contait un jour quelque chose de plus étonnant.

Il était dans la haute Égypte, et cherchait la presqu'île Méroé, ce berceau des gymnosophistes, à ce que dit Hérodote, fabuliste et historien. Alberti n'avait pas de notions bien exactes pour découvrir cette presqu'île mystérieuse qui s'est dévoilée à Caillaud. On sait que le Nil, en descendant des hauteurs où coule le Tacaze, se replie sur lui-même, et forme ainsi cette presqu'île, où l'on trouve quarante pyramides de briques, comme celles de Saccarah ; des caisses de momie, à verres, et des scarabées sacrés. Ces trésors tentent un savant.

Alberti arriva, par un beau soir, sur le rivage replié du Nil ; là, il se souvint de Caillaud, et remonta le fleuve, en cherchant les quarante pyramides, comme on chercherait une aiguille tombée dans le sable du désert. Il était seul, et il se disait à lui-même : Que je suis heureux ! je vais donc fouler un sol vierge de pas humains pendant des siècles ! je vais voir le berceau des gymnosophistes, les ruines d'une ville aimée par Hérodote! je vais contempler ces merveilles seul! Alberti avait avec lui cinq Arabes; mais un savant qui voyage avec des Arabes se croit toujours seul. Il avançait donc, dans son enthousiasme italien, respirant avec délices cette atmosphère de solitude si douce à l'âme du voyageur.

Tout à coup il aperçut, adossée au flanc d'une pyramide, une famille complète d'Anglais. Rien n'y manquait : les grooms avaient chaussé les bottes au revers luisant, les dames regardaient les pyramides le lorgnon à la main, et s'abritaient du soleil tropical avec leurs ombrelles de soie; les hommes étaient en grand costume d'Opéra; ils effleuraient une caisse de momies du bout de leurs gants glacés; deux nourrices allaitaient les enfants; les chevaux mangeaient çà et là le peu d'herbe qu'avaient laissé les gymnosophistes. C'était un tableau d'Hyde-Parck encadré dans la presqu'île de Méroé. Alberti rentra au désert bien abattu.

Un jour viendra, peut-être, où le voyageur ira visiter l'Angleterre pour ne pas rencontrer d'Anglais.

# LES PAÏENS DE 1842

## I

On a créé depuis douze ans, chez nous, une multitude de religions stupides ; et, chose singulière, pendant que la police tolérante permettait à M. Chatel de se nommer Dieu, personne n'a songé à profiter de notre luxe de liberté religieuse pour remettre en lumière et en action le paganisme, cette chose si amusante qui a diverti les deux plus grands peuples de l'univers. En France, un pareil oubli est inconcevable. Lorsque 1830, avec son millésime sonore, nous réveilla en sursaut, il y avait à Paris mille poëtes de cinquante ans, tous vigoureux et rouges d'oreille, qui, sous l'Empire, avaient prié vingt fois Apollon de leur prêter sa lyre d'or; avaient invoqué les chastes nymphes du Permesse ; avaient bravé les fureurs de Neptune et célébré Phœbus et la triple Hécate : et pas un de ces favoris des neuf sœurs n'eut l'idée de se faire le Chatel de Jupiter, de Neptune et de Vulcain, cette grande et homérique trinité.

Ces poëtes, cependant, n'étaient pas retenus pas le moindre scrupule chrétien ; ils avaient sucé avec le lait la philosophie de Voltaire et de Pigault-Lebrun ; ils connaissaient mieux le rituel de l'Olympe que celui du Vatican, les gémonies que le martyrologe, l'eau lustrale que l'eau bénite, les poésies érotiques de Tibulle que les chastes épîtres de saint Paul. Ces hommes, qui devaient fortune, leurs positions, leurs préfectures, leurs recettes leur générales, aux dieux immortels qu'ils célébrèrent sous Napoléon, auraient pu se cotiser par reconnaissance et acheter par actions le temple grec de la Madeleine, alors en disponibilité ; là ils auraient relevé la statue de Jupiter tombée sous le pied de Constantin. Pontoise leur eût fourni ses corybantes et ses hécatombes de taureaux, l'Opéra ses chœurs, l'Académie ses poëtes classiques, Bosio ses statues, le bois de Boulogne son allée de pins consacrés au maître des dieux.

Nous reconnaissons que ce vieux culte ainsi restauré ne devait vivre au plus qu'un lustre ou qu'une olympiade, mais, dans ce court espace de temps, que de joies antiques, que d'ineffables révélations nous aurions exhumées de ce vieux globe ennuyé qui a deux fois enseveli ses voluptés puissantes sous le déluge

d'eau de Noé, et sous le déluge de feu d'Attila ! La
science même eût tiré un immense profit de ce galva-
nisme du cadavre païen. La comédie française aurait
vu refleurir les beaux jours de Thalie et de Melpomène ;
Terpsichore et les Grâces décentes auraient retrouvé
des autels rue Lepelletier ; le boulevard des Capucines
aurait chanté l'hymne séculaire d'Horace, et l'Académie des inscriptions et belles-lettres aurait appris le
latin et peut-être le grec.

Au reste, cette exhumation du rit antique ne pouvait
être pour la nation française qu'un caprice éphémère
comme le culte de M. Chatel, le rêve de Saint-Simon
et la résurrection des Templiers, mais elle devait se
présenter sous un aspect plus sérieux aux Grecs modernes, nos contemporains. Ce peuple, après avoir
repris son nom, sa langue, son pays, son costume,
avait peut-être le droit de reprendre sa religion. Nous
ne saurions donc blâmer la tentative qui a été faite,
l'an dernier, dans un coin du Péloponèse, et qui sera
le sujet de ce récit.

Toute la Grèce contemporaine connaît MM. Théo-
dore Colocotroni et Ralli, qui ont acquis une fortune
immense avec intelligence et probité. Ces deux négo-
ciants, retirés des affaires, habitaient une charmante
maison de campagne dans la fraîche vallée d'Andrizena.
Cette résidence avait le défaut d'être trop belle ; on y
goûtait cette satisfaction perpétuelle qui engendre

l'ennui. La pureté de l'air et les aromates y entretiennent la santé ou la rendent à ceux qui l'ont perdue ; le site est ravissant de contrastes et de richesses végétales. Les collines ressemblent à des palais à cent étages, habités du vestibule à la cime, et entremêlés de jardins en spirales, de bouquets d'oliviers, de laurier-thym et d'acacias. Mille ruisseaux ceignent ces collines de leurs limpides écharpes d'argent ; et du milieu des masses de verdure confuse s'élèvent çà et là de riants cyprès, qui perdent au soleil leur caractère funèbre, et ressemblent à des aiguilles égyptiennes qu'une reine gigantesque a secouées de sa robe en arrivant d'Alexandrie au golfe de Modon. L'horizon est bordé par la chaîne du Taygète, dont les vives et immenses arêtes de granit prennent, selon les caprices des nuages et du soleil, toutes les nuances tranquilles depuis le gris-perle jusqu'à l'azur le plus velouté.

Quand on n'est ni peintre ni poëte, et qu'on a répété vingt fois le jour, pendant trois ans, cette phrase : Oh ! que ce paysage est beau ! ce paysage devient enfin insupportable comme toute chose belle ou hideuse qui vous saute aux yeux éternellement, et dont on ne sait que faire.

C'est ce qui advint à MM. Colocotroni et Ralli dans leur résidence d'Andrizena. Ils avaient épuisé toutes leurs formules d'admiration, tous leurs sujets d'entretien sur leur histoire nationale, antique et moderne ; ils s'aperçurent même un jour qu'ils venaient de prendre en aversion un joli bois de myrtes où se dérobait pudiquement comme une jeune fille nue la plus fraîche rotonde de marbre blanc que Paros ait envoyée aux architectes de Coron.

— Ah ! s'écria Colocotroni en levant ses bras vers le ciel, selon l'usage des héros affligés, ah ! mon cher Ralli, nos aïeux étaient plus heureux que nous dans ces mêmes lieux ! Pour nous, un bois n'est qu'un terrain planté d'arbres ; mais, pour nos ancêtres, un bois était l'asile saint des plus aimables divinités de la terre ; et cette frayeur secrète ou cette volupté douce que le cœur ressentait sous les arbres de notre pays annonçait partout la présence des immortels.

Cette exclamation patriotique fut un trait de lumière pour Ralli.

— Je crois, dit-il, que nous avons commis une grande faute en ne demandant pas au congrès de Vérone l'autorisation officielle de restaurer chez nous le culte de Jupiter. A coup sûr, M. de Châteaubriand nous aurait appuyés, lui qui a fait un si beau livre tout païen avec ses *Martyrs*. Mais qu'importe l'autorisation du congrès ! Je ne vois pas trop qui pourrait nous empêcher de continuer sur un terrain qui est à nous l'œuvre de nos pères après un entr'acte de quelque mille ans, ce qui n'est qu'un coup de balancier sur l'horloge de l'infini.

Colocotroni prit une pose homérique, et, s'avançant tel qu'un dieu vers son ami, il lui dit :

— La sagesse a parlé par ta bouche, ô mon ami ! le plus cher d'entre ceux qui ont cueilli le cytise avec moi sur le flanc du Taygète paternel aux jours de ma jeunesse d'or. Quel serait le mortel assez insensé qui oserait s'opposer à notre dessein généreux?

— Mon cher compatriote, dit Ralli, la Grèce sans Jupiter est comme notre alphabet sans l'*alpha*. On voit qu'il manque autour de nous quelque chose de riant qui complète la vie. Nous avons l'imagination de nos pères, et nous n'avons pas la variété infinie de leurs amusements. Aussi l'ennui nous dévore. Nous sommes Grecs, il faut donc que nous pensions en Grecs. Que les Bavarois positifs ne voient dans le soleil qu'un globe de feu, dans la lune qu'une planète stupide, dans la mer qu'un amas d'eau salée habitée par des poissons, dans le vent qu'un phénomène de dilatation atmosphérique, c'est très-bien ; les Bavarois font leur métier; mais à nous, il nous faut Apollon, Hécate, Neptune, Amphitrite, Éole et tout le reste. Les vérités physiques nous tuent ; il nous faut des mensonges poétiques, et nous vivrons.

Cette idée fut, dès ce moment, mûrie avec soin par les deux Grecs, et la mise à exécution ne se fit pas attendre. Ces hommes avaient en leur pouvoir tout ce qui donne la réussite des choses : l'argent et la volonté.

Au sud de la vallée d'Andrizena, on trouve une forteresse en ruines, que M. Fauriel attribue à un temple de Jupiter Olympien, décrit par Pausanias. Ce monument ressemblait assez aux autres temples de la grande Grèce encore debout à Ségeste et à Pœstum. Un architecte français, M. Falque, demanda vingt-cinq mille francs à Ralli pour remettre la ruine d'Andrizena dans son état premier, décrit par Pausanias. Pacte fut conclu à ce prix sans marchander. Le travail de maçonnerie avança rapidement, trente-cinq jours suffirent pour relever les murs et remettre sur pieds trois colonnes d'ordre pœstum, les seules que le temps ou les hommes avaient abattues dans les deux péristyles latéraux. Colocotroni acheta ensuite à M. Vescovagli, fabricant de faux dieux à Athènes, une statue de Jupiter avec le *Modius*, provenant, au dire de l'antiquaire, des fouilles du temple de la Victoire sans ailes, et un bel autel de sacrifice, remarquable surtout par deux têtes de taureaux en ronde-bosse de la plus parfaite conservation.

Douze pauvres paysans d'Andrizena furent nommés corybantes par M. Ralli, aux appointements de cinquante écus ; on leur apprit qu'ils étaient Phrygiens d'origine, prêtres de Cybèle et de Jupiter, et qu'ils avaient élevé en Crête le maître des dieux, lorsque sa nourrice Amalthée le sevra. On les couronna de chêne, et on les revêtit d'une toge blanche qui flottait sur leurs talons.

L'inauguration du temple de Jupiter fut fixée au premier jeudi, ou jour de Jupiter, du mois de mars 1842. La rumeur fut grande en Attique jusqu'au promontoire où Corinthe s'asseoit sur deux mers, jusqu'à Zola, où Latone délia sa ceinture en se rendant à Délos.

M. Colocotroni s'était nommé grand-prêtre de Jupiter, et son costume était exactement copié d'un bas-relief de Phidias, représentant un sacrifice sur le fronton du Parthénon.

M. Marchos Psicha, savant Hellène, fut chargé d'apprendre aux corybantes l'hymne à Jupiter de la tragédie d'Hercule en Provence, avec la mélopée antique, assez semblable au *Vere dignum et justum est* du rit romain.

La chaste vallée d'Andrizena gardera toujours le souvenir de cette fête du premier jeudi de mars 1842; c'était le 3 de ce mois.

Au lever du soleil, une Théorie, parée selon le rit de Délos, s'avança vers le temple par un sentier tout jonché de fleurs. Quatre tauroboles marchaient ensuite, traînant sept génisses blanches et sept bœufs dont les cornes étaient dorées. Les douze corybantes venaient ensuite. MM. Ralli et Colocotroni fermaient la marche, portant dans leurs mains une petite statue d'or de Jupiter.

Les corybantes chantaient l'hymne que le grand tragique grec met dans la bouche d'Hercule, lorsque ce héros supplie le maître des dieux de punir les mirmidons qui désolaient le désert de la Crau (Bouches-du-Rhône).

> Volez, ô boiteuses prières,
> Avec vous, emportez mes dons !
> Jupiter, fais pleuvoir des pierres
> Pour écraser les mirmidons !

A chaque refrain, les corybantes étaient obligés, par leurs institutions, qui remontent à deux cent quatre-vingt-dix-sept ans avant la prise de Troie, de s'enfoncer dans les chairs la pointe de leurs courtes épées, mais M. Ralli les avait cette fois dispensés de ces expiations sanglantes que leur fondateur Corybas, fils de Cybèle, avait inventées chez les Phrygiens. D'ailleurs les douze paysans d'Andrizena auraient rompu leurs engagements, s'il leur eût fallu jouer leur rôle dans son antique rigueur.

Le moment du sacrifice fut bien beau. De vieux fanatiques grecs affirmèrent que des prodiges avaient accompagné le coup de hache du sacrificateur. Ils dirent que Pan ébranla le Taygète de sa grande voix arcadienne; que Syrinx murmura dans les roseaux; que Daphné soupira dans les lauriers; qu'une hamadryade de quinze ans, belle comme Psyché, sortit du tronc d'un chêne pour voir la résurrection de ses dieux, et l'on ajoute même que des pêcheurs de Coron saluèrent, dans la langue de Théocrite, une autre Vénus Aphrodite qui se leva sur les vagues du golfe, en secouant l'onde amère de ses longs cheveux. Nous ne garantissons pas cependant l'authenticité de ces derniers détails.

Les corybantes dépecèrent les corps des quatorze victimes sacrifiées. Ils choisirent pour eux et leurs familles les dos succulents des bœufs, et donnèrent le reste aux pauvres agriculteurs d'Andrizena, qui vivent de raisins secs, de figues et de miel. MM. Thomas Prout et Richard Stone, voyageurs anglais qui passaient par ce chemin avec leurs femmes, leurs enfants et leurs domestiques, payèrent fort cher aux corybantes une petite colline de bœuf pour leur rôti du soir. Ce sacrilége n'alluma pas la foudre aux mains de Jupiter.

Les paysans d'Andrizena, qui ont tant souffert de la guerre de l'indépendance, virent se lever sur eux l'aurore de l'âge d'or. M. Ralli sacrifiait régulièrement à Jupiter tous les jeudis; le bœuf renchérissait beaucoup sur les marchés de Coron, de Modon et d'Égine, mais il était servi gratuitement sur les tables des pasteurs d'Andrizena. Une colonie d'Anglais vint s'établir autour du temple de Jupiter, et ils embrassèrent le paganisme pour avoir des entrecôtes au choix. Les corybantes engraissaient à vue d'œil. L'abondance régnait dans Andrizena. Les noms de Jupiter et de M. Ralli étaient bénis de l'aurore au couchant. Hélas ! un coup de foudre qui ne venait pas de Jupiter, détruisit cette religieuse prospérité.

## II

Le ministre de l'intérieur adressa au roi Othon un rapport qui faisait un triste tableau des marchés aux bœufs; les sources de lait venaient d'être taries dans les pâturages de l'Attique, faute de génisses nourricières, et les bœufs restaient partout à l'état de veaux. Le roi déféra cette question à son conseil.

Il y eut une crise ministérielle; les uns, parmi les conseillers de la couronne, soutinrent qu'il ne fallait pas permettre qu'une simple vallée s'enrichît aux dépens du royaume, dans un festin perpétuel. Les autres alléguèrent que chaque citoyen grec était libre de manger autant de bœuf qu'il lui plaisait. Le ministre des cultes donna sa démission, en s'écriant comme Ajax :

— Je m'échapperai malgré les dieux!

Pendant que ces débats ministériels occupaient la cour et la ville, la colonie anglaise qui dépeçait les bœufs de Jupiter, se voyant menacée de la famine, adressa ses réclamations à sir Edmund Lyon, ministre de la Grande-Bretagne à Athènes. L'ambassadeur eut un entretien avec le ministre de l'intérieur, et menaça de compliquer la question d'Orient de cet incident nouveau, si l'on fulminait la moindre ordonnance contre les adorateurs de Jupiter.

— Eh bien! dit le ministre de l'intérieur, que la volonté de la reine Victoria et de Jupiter soit faite! mais vous, sir Edmund, chargez-vous au moins d'approvisionner nos marchés.

— J'écrirai au vice-roi d'Irlande, dit sir Edmund, et les bœufs du comté de Kerry ne vous manqueront pas.

Ainsi se termina cette première difficulté ; mais il en survint une plus grande. M. Ralli, tout riche qu'il était, s'aperçut, en faisant le relevé de ses dépenses mythologiques, qu'il y avait un déficit énorme, provenant d'une consommation exagérée d'hécatombes sur l'autel du maître des dieux. Son associé lui dit même :

— Mon cher grand-prêtre, encore six mois de paganisme, et nous sommes ruinés ! revenons, si vous m'en croyez, au culte économique de nos pères, et abandonnons le culte de nos aïeux.

Ralli foudroya du regard son associé timide et lui dit:

— Nous ne donnerons pas cet exemple de lâcheté au vallon d'Andrizena, nous persisterons. Mais, comme il n'est pas douteux que Jupiter nous ruine, nous réduirons les sacrifices à deux veaux par an, et nous célébrerons les fêtes de Vénus, à laquelle on ne sacrifie que des colombes; avec deux drachmes, ou trente-deux sous, nous ferons un sacrifice à Cypris.

M. Colocotroni donna sa démission.

Nous avons signalé au commencement de cette histoire une charmante rotonde, façon Pœstum, qui se voilait d'un bois de myrtes, sur la propriété de M. Ralli. C'est là que devaient se célébrer les fêtes de la déesse de la beauté.

Les corybantes, mis à la retraite depuis la suppression des bœufs, se présentèrent pour desservir l'autel de Vénus. M. Ralli leur répondit que ce service ne les regardait pas, mais que l'on pourrait employer leurs femmes et leurs filles, si elles avaient des attraits dignes des regards des dieux.

Les ex-corybantes répondirent affirmativement, et le lendemain ils amenèrent trente-deux fermières, brûlées du soleil, noires, mais belles comme l'épouse de Salomon.

M. Ralli leur donna des robes blanches à plis roides comme les draperies des statues, et leur enseigna l'hymne de la veillée des fêtes de Vénus.

La colonie anglaise, qui avait acquis de nombreux cottages dans la vallée d'Andrizena, comptant sur la perpétuité des roast-beefs de Jupiter, envoya une députation à M. Ralli, en lui ordonnant de sacrifier des bœufs à Vénus, sous peine d'être bombardé par l'amiral Napier.

M. Ralli cita une idylle de Théocrite, dans laquelle il est expressément recommandé de n'immoler que des pigeons innocents sur l'autel de Cypris. — Les députés anglais se retirèrent dans un silence sombre, terrible comme une menace.

M. Ralli, qui redoutait ces formidables voisins, crut devoir leur faire une légère concession pour prévenir de grands malheurs : le jeudi suivant il sacrifia deux génisses à Jupiter, et fit envoyer leurs filets, avec un panier d'oseille, à la colonie anglaise.

Ce présent ne fut pas accepté.

Cependant les symptômes de famine commençaient à se manifester à Andrizena, tellement la population anglaise et grecque s'était accrue depuis les fêtes de Jupiter. M. Ralli, pour apaiser la faim et l'Angleterre, suspendit les préparatifs de la veillée des fêtes de Vénus, et annonça la prochaine reprise des sacrifices de bœufs. Les corybantes reprirent leurs robes, et les prêtres les couteaux sacrés. Avant tout, il fit une pétition au ministre de l'intérieur pour lui demander la faveur de s'approvisionner d'une demihécatombe au marché d'Égine, Pontoise des Grecs.

Le ministre de l'intérieur répondit qu'il ne fallait plus, sous prétexte de Jupiter, jeter la perturbation dans les marchés publics, mais que M. Ralli avait à sa disposition un chargement de bœufs que sir Edmund avait demandés au vice-roi d'Irlande, et qui étaient arrivés au port du Pirée, le matin de ce jour.

M. Ralli demanda la livraison du chargement. On lui répondit qu'il pouvait compter sur les bœufs d'Irlande, première qualité, pour le mercredi suivant.

— C'est justement la veille de jeudi ! s'écria Ralli dans sa joie.

Le sacrificateur aiguisa sa hache, et les cuisiniers anglais chauffèrent leurs fourneaux.

Le peuple d'Andrizena, privé de viande fraîche depuis plusieurs mois, entourait le temple de Jupiter. M. Ralli, en costume de grand-prêtre, était debout, le jeudi matin, sur le plus haut degré de l'escalier, attendant les bœufs d'Irlande attendus le mercredi.

Enfin un nuage de poussière s'éleva de la grande route; tous les regards percèrent ce brouillard lumineux pour découvrir le troupeau. Les corybantes se précipitèrent vers le convoi d'hécatombes, pour choisir les plus belles victimes. M. Prout et M. Richard Stone s'élancèrent aussi avec les prêtres de Jupiter.

Deux chariots énormes, escortés par trois cavaliers

du roi, sortirent du nuage de poussière, et se dirigèrent vers le chemin de traverse d'Andrizena.

Le chef des corybantes se posta devant le premier chariot, et demanda au conducteur s'il n'avait pas rencontré des bœufs destinés au temple de Jupiter.

— Les voilà ! dit un cavalier en désignant d'énormes tonneaux scellés aux armes d'Irlande.

C'était une cargaison de bœuf salé !

Les corybantes faillirent tomber la face par terre.

MM. Prout et Richard Stone fermèrent leurs poings et battirent l'air. Le bœuf salé continua tranquillement sa marche vers le sacrificateur.

Le plus agile des corybantes avait déjà instruit M. Ralli de ce nouveau malheur. Le négociant grec s'inclina devant les arrêts du destin, et dit avec un ton de voix stoïcien :

— Nous sacrifierons le bœuf salé ; qu'on m'apporte la facture.

La facture s'élevait à mille livres (vingt-cinq mille francs). C'était un chargement destiné à la flotte de lord Elliot dans la mer chinoise, et qui avait été expédié par faveur toute spéciale à Athènes, sur l'ordre exprès de sir Edmund Lyon.

M. Ralli, après le sacrifice, distribua une montagne de salaisons aux habitants d'Andrizena. Les Anglais refusèrent leur part, de peur du scorbut.

Cependant il arrivait chaque jour de nouveaux étrangers à la vallée païenne. De toutes parts on bâtissait de charmantes petites maisons de campagne et des temples en miniature. Un professeur de rhétorique de Paris ouvrit une école pour les adultes, et fit un cours de mythologie où il enseignait l'histoire des dieux, à cinq francs le dieu et deux francs cinquante le demi-dieu. Les prêtres schismatiques, redoutant une concurrence formidable, se mirent à prêcher contre le culte de Jupiter. Le roi Othon se fit lire par son secrétaire l'histoire de Dioclétien.

Ralli ne voulut pas en démordre; il avait terminé les préparatifs de la veillée des fêtes de Vénus, il avait fixé la cérémonie au premier vendredi de septembre 1842.

La veille, le vallon d'Andrizena semblait s'être reculé de trois mille ans dans l'antiquité. On aurait cru voir ce concours antique de peuples qui se pressaient autour du temple de Gnide lorsque les filles de la superbe Lacédémone venaient y disputer le prix de la beauté.

Lorsque le char d'Apollon descendit dans les vagues de la mer d'Ionie, M. Ralli donna le signal aux chœurs; et tous les enfants d'Éole, même l'Iapix, firent silence pour écouter cet hymne oublié depuis trente siècles sur cette terre de la beauté, de la gloire et des arts.

« Que celui qui n'a pas connu l'amour aime demain ! que celui qui a aimé demain aime encore. »

« O doux printemps, tu rajeunis la nature ! à tes accents les ruisseaux courent sur l'émail des fleurs. Vénus sort de l'onde amère, et le petit dieu malin, etc., etc. »

Les femmes et les jeunes filles alternaient le chœur, et à chaque refrain elles formaient des pas cadencés sur le gazon, en invoquant les Grâces décentes, la triple Hécate et l'Érèbe, dont la robe est semée d'étoiles d'or.

Les jeunes Grecs, témoins de cette scène antique, sentirent se réveiller en eux cet instinct du merveilleux qui animait le cœur de leurs pères. Ils comprirent que cette fable de l'univers, dont Homère fut le créateur, était une histoire réelle dans un pays où l'imagination est la vérité. Ils entendirent soupirer Léda dans les lauriers-roses, ils virent les Grâces décentes former des pas sur le gazon, à la clarté de la lune, ils entendirent les molles caresses d'Alphée et d'Aréthuse; les ailes du Zéphyr, les rires folâtres des Nymphes, les chœurs des Muses, et même la grande voix de Pan qui convoquait les Satyres dans la valée du Sperchius.

Cependant les jeunes filles disaient sur un mode plus doux d'autres chants, qui autrefois avaient ému les blancs rochers de Cythère lorsque la Vénus Aphrodite fut apportée dans cette île sur une trirème à la proue d'ivoire et d'or. La mélopée qui courait alors dans l'air ressemblait aux soupirs charmants de deux

17.

jeunes époux conduits à l'autel de l'hyménée, avec les sourires de leurs parents et de leurs amis.

Les bois de myrtes retentissaient de ces hymnes de volupté religieuse. L'Amour, fils de la Nuit, versait son haleine sur les hautes herbes; la molle langueur de l'Ionie descendait du ciel ; de jeunes Arcadiens, qui brûlaient de dénouer la ceinture des Grâces, vinrent se mêler aux prêtresses, pour danser, comme les Satyres, à la fête de Pan. La sainte pudeur souleva un pli de sa longue tunique pour se voiler le front.

Toût à coup on entendit un grand bruit de voix, dans la direction de la grande route, et on vit luire des baïonnettes et des sabres de cavaliers.

Un cri domina les chœurs, ce cri :

— Place ! au nom du roi !

Deux *antropi tis astinomias* (commissaires de police), portant une torche d'une main et une ordonnance de l'autre, demandèrent M. Ralli.

Le professeur de rhétorique s'écria en grec littéraire :

— A bas le tyran Pisistrate !

Les antropi tis astinomias le firent saisir par quatre grenadiers et un caporal grecs, et le firent enfermer provisoirement comme rebelle dans le temple de Jupiter.

M. Ralli s'avança gravement, et lut l'ordonnance du roi.

Cette ordonnance avait été provoquée sur un rapport de l'*astinomos* (préfet de police) et du *dimarchos* (maire) ; elle était ainsi conçue :

« Vu le rapport à nous adressé par l'*astinomos* et le *dimarchos* du département du Taygète ; considérant que le sieur Ralli, sujet grec, a jeté la perturbation dans les mercuriales de nos marchés publics, en accaparant toutes les bêtes à cornes pour les immoler sur les autels d'un ex-dieu nommé Jupiter ; considérant que le sieur Ralli, sujet grec, a commis une grave atteinte à la morale publique en essayant de restaurer le culte d'une infâme courtisane nommée Vénus ; ordonnons aux deux antropi tis astinomias, commis à cet effet, de saisir et d'appréhender au corps ledit sieur, et de le conduire de brigade en brigade au cachot du Parthénon ; mandons et ordonnons à tous huissiers, sur ce requis, de prêter main-forte à l'exécution de la présente. »

Les jeunes filles chantaient l'hymne d'Anaximandre de Mitylène :

« Formez, formez la danse ; ramenez le chœur sacré !

« Latone a vu les bords fleuris de la flottante Délos. Les Cyclades sont immobiles par l'ordre d'Apollon.

« Formez, formez la danse ; ramenez le chœur sacré !

« Le dieu dont l'arc est d'argent protége Latone. Délos, pour recevoir Latone, s'est couverte de fleurs comme Amathonte ou Rhodon, qui s'épanouit au sein d'Amphitrite.

« Formez, formez la danse ; ramenez le chœur sacré ? »

Les commissaires de police s'avancèrent la canne haute, et les sergents de ville du roi grec s'écrièrent :

— Si ces demoiselles continuent ces danses, elles iront toutes coucher en prison.

M. Ralli prit une détermination héroïque :

— Messieurs, dit-il aux sergents de ville, je me soumets à la loi ; donnez-moi un de ces chariots, et je me constitue prisonnier. Allons au corps de garde du Parthénon.

La force armée dissipa les attroupements, et M. Ralli, monté sur son chariot de transport, donna le signal du départ.

Le tribunal de police correctionnelle d'Athènes fut saisi de cette grave affaire. M. Manoël, jeune avocat grec, défendit Ralli dans un plaidoyer de sept heures, où l'*Iliade* et l'*Odyssée* furent citées en entier. Le procureur du roi commença, selon l'usage, par la formule : *S'il est une cause qui...*, etc. ; puis, après avoir réfuté Homère et la théogonie d'Hésiode, éteint Apollon, noyé Neptune, brûlé Vulcain, foudroyé Jupiter, il conclut à la peine portée contre Aristide, au bannissement.

Le tribunal fit droit au réquisitoire du procureur du roi, et ordonna la confiscation des statues de Jupiter, de Vénus et du petit dieu malin.

Heureusement cette affaire, ainsi que nous le disions,

avait donné au roi Othon l'idée de lire les auteurs grecs, et entre autres Homère, auteur inconnu aux Bavarois. Le roi des Grecs s'amusa si fort en lisant l'*Iliade*, quoique masquée en allemand, qu'il usa de sa prérogative, et accorda sa grâce à M. Ralli.

Depuis ce jour, l'Ennui, ce dieu oublié par Homère, est retombé sur Andrizena et sur tout le royaume des Grecs.

# M<sup>lle</sup> RACHEL AU THÉATRE CHAVE

Au midi de Marseille s'élève une montagne qu'on appelle la *Plaine*, par esprit de contradiction méridionale. C'est là qu'un ingénieux industriel, M. Chave, a bâti un théâtre charmant dans un domaine conquis sur les oliviers, les pins, les cyprès, les cigales et les lézards gris.

Il est facile de bâtir un théâtre dans un désert, mais il n'est pas aisé d'y bâtir un public. Or, quand on jouait trois vaudevilles au théâtre Chave, le fondateur assistait seul ordinairement à ce spectacle; il était seul son public, et avait ainsi trouvé un ingénieux moyen de supprimer le droit des pauvres et des auteurs, souvent plus pauvres que les premiers.

Sur ces entrefaites, mademoiselle Rachel vint à

Marseille. On était au cœur de l'été; Réaumur avait atteint son *maximum* inhabitable; on désespérait des recettes; le directeur tremblait comme au cœur de l'hiver, et appelait le mistral endormi dans les grottes éoliennes du mont Ventoux. Mademoiselle Rachel ouvrit sa bouche de vingt ans, et supprima l'été; on accourut en foule pour la voir.

Ce fut, dans la nouvelle Phocée, comme une exhumation des fêtes olympiques; on vint à mademoiselle Rachel, et des plages de la Major, où Diane chasseresse fut adorée; et des hauteurs des Carmes, où Milon transporta ses pénates exilés de Rome; et du golfe des Catalans, où aborda la galère de Protis; et des bastides de la Garde, où Neptune avait un temple vénéré des sages nautoniers. Vous y vîntes aussi en pèlerinage, bruns laboureurs des campagnes chères à Minerve, qui planta l'olivier; et vous, fils des Albiciens, qui agitez encore le *van* de la blonde Cérès; et vous, poétiques enfants du Tempé provençal, jeunes Grecs de Gemenos, habiles à lancer le disque, comme les frères d'Hélène, dont vos aïeux ont bâti le temple; tous, vous êtes accourus pour applaudir la jeune tragédienne qui vous rappelait une de ces divines images adorées dans le temple phocéen de la Victoire *Anoptère*, si chère aux sages du Portique, car la Victoire *sans ailes* était sœur de Minerve et de la Paix, ces protectrices des navigateurs.

Pendant que mademoiselle Rachel attirait ainsi au théâtre une foule immense et peu soucieuse du solstice, M. Chave gémissait au seuil de son domaine; il faisait un appel au peuple, mais sa voix criait dans le désert : *vox clamantis in deserto.*

Souvent, le soir, à huit heures, à l'ouverture de ses portes, il essayait de fonder une *queue* pour attirer les passants; mais les passants s'obstinaient à ne pas passer; la nuit tombait sur les affiches, et dans une rue sans maisons, et assombrie par un réverbère à huile. On n'entendait dans le voisinage que le chant des grillons, le coassement des grenouilles et le *zuzure* des sauterelles, concert gratuit, et toujours aimé de l'économe agriculteur. Quelquefois une ombre diaphane passait devant un projet de mur, ou une maison en herbe, et M. Chave courait à cette ombre, la prenait au collet, et l'invitait poliment à son spectacle, avec une prime gratuite d'orgeat; mais l'ombre, suspectant un piége, s'évanouissait vers les ténébreuses profondeurs de la plaine, en laissant M. Chave dans la pose d'Orphée qui vient de reperdre Eurydice aux enfers.

Le théâtre de M. Chave est pourtant très-voisin d'un faubourg grand comme une petite ville, et nommé le quartier de Notre-Dame-du-Mont : mais les habitants de cette zone marseillaise ont conservé les mœurs primitives de l'âge d'or, en attendant l'invasion corruptrice du chemin de fer. Ces heureux Marseillais habitent des maisons calmes comme des cellules, où l'on n'entend d'autre bruit que le chant du serin et le mouvement monotone du balancier d'une horloge à coucou; ces familles sonnent leur couvre-feu à neuf heures du soir, après une partie de boston *à réponse,* entremêlée d'aigres discussions sur les *misères* imprudemment attaquées par des *as* ou des *rois*.

M. Chave avait tenté les plus glorieux efforts pour opérer une révolution dans ce monde primitif; il avait créé un cabinet de lecture, une maison de bains, un tir au pistolet, un jeu de boules, un capitaine de garde nationale, un bureau de tabac, une fontaine hydrophobe, un orgue de barbarie, un joueur nocturne de guitare, tous les éléments de la civilisation enfin; mais ce quartier, acharné dans ses mœurs stationnaires, fermait ses portes aux novateurs, et laissait échouer les ingénieuses tentatives de M. Chave, en employant cette redoutable force d'inertie qui braverait Archimède et son levier. Le théâtre Chave ne variait pas dans les absences totales de ses recettes. Le lustre continuait d'éclairer les banquettes de velours, encore vierges de spectateurs.

Un heureux hasard me fit rencontrer M. Chave un jour que j'allais entendre déclamer ce vers de Virgile sur les hautes cimes de la plaine :

Sole sub ardenti resonant arbusta cicalæ.

Réaumur ne marquait que 30 degrés, et le fond de l'air était froid, comme toujours.

— Eh bien ! me dit M. Chave, quelle ruineuse chaleur ! Hier, nous jouions *Misanthropie et Repentir*, l'*Honnête Criminel* et le *Dîner de Madelon*, spectacle superbe, comme vous voyez... personne !

N'ayant point de réponse à donner à une plainte si juste et si touchante, je poussai un soupir terminé par un point de consolation.

— Et le Grand-Théâtre, ajouta-t-il, le Grand-Théâtre fait un argent fou. On renvoie tous les jours dix mille francs de recette ! Oh ! mademoiselle Rachel ! Si je pouvais avoir une représentation de mademoiselle Rachel ! Si elle venait baptiser mon théâtre, je serais sauvé !

Puis M. Chave, se ravisant tout à coup, comme illuminé par une idée de sauvetage :

— Rendez-moi un service énorme, me dit-il.

— Deux, si je le puis, monsieur Chave.

— Oh ! celui-ci vous sera facile.

— Parlez, que faut-il faire ?

— Écoutez : vous connaissez mademoiselle Rachel ?

— Oui.

— Je vous confie mes pleins pouvoirs ; rendez une visite à mademoiselle Rachel, et suppliez-la de venir jouer à mon théâtre. Vous me rendez la vie, si vous réussissez.

L'ambassade était délicate ; mais, comme je portais le plus vif intérêt à M. Chave, je promis d'agir selon ses vœux, et je me rendis, sans perdre de temps, à l'hôtel de l'Univers, rue du Jeune-Anacharsis, où logeait l'illustre tragédienne. Mademoiselle Rachel me fit l'honneur d'un accueil très-bienveillant, et, à son tour, elle me donna ses pleins pouvoirs pour arranger cette affaire, en prévision du meilleur résultat.

Le lendemain je revis M. Chave, et je le rendis à la vie ; dans le premier moment, il ne se possédait pas de joie d'avoir vu son idée si pleinement couronnée par le succès ; mais des obstacles insurmontables surgirent soudainement.

Les artistes tragiques du Grand-Théâtre ne pouvaient suivre mademoiselle Rachel sur un théâtre rival, quoique lointain. La jalousie des théâtres ne connaît pas de distances. — Mademoiselle Rachel devait partir dans trois jours. — Quelle tragédie jouerait-on ? — Et quels artistes la joueraient, puisqu'il n'y avait pas d'artistes ?

Nous passâmes en revue d'abord toutes les tragédies, et nous reconnûmes que le quartier de la Plaine n'avait pas été prévu, dans le répertoire tragique, comme public. Nous avions oublié *Polyeucte!* Corneille l'avait faite pour ce quartier éminemment religieux. Le plan d'une superbe affiche fut tout de suite fait :

## POLYEUCTE

ou

LE TRIOMPHE DE LA RELIGION CHRÉTIENNE.

MADEMOISELLE RACHEL

jouera le rôle

DE SAINTE PAULINE

martyre.

Mon ami Chave pleurait de joie en lisant cette affiche, encore invisible sur le mur qui devait la recevoir le lendemain.

— Et les acteurs? dis-je à M. Chave; il faut des acteurs... C'est indispensable.

— Ah! oui, oui! dit-il en mettant l'ongle de son doigt *index* entre ses lèvres.

— Oui, les acteurs... Ceux du Grand-Théâtre, il ne faut pas y penser.

— Oh! impossible!

— Et ceux du petit théâtre du Gymnase?

— Ils ne jouent que le vaudeville et le drame moderne.

— Ah!

— Sur ce *ah!* M. Chave inclina la tête et traça des hiéroglyphes, avec le bout de sa canne, sur le sable de son désert.

Telle est, en général, la ressource du Marseillais lorsque l'invention lui fait défaut.

Midi sonnait, Réaumur montait toujours ; nous rêvions tous deux, assis à l'ombre de nos cannes, dans la rue Chave, lorsque trois ouvriers, sortis, pour dîner, de leur usine, passèrent devant nous : trois robustes jeunes gens comme on les trouve par milliers chez le peuple laborieux de la vieille ville, la vraie Phocée ; trois artistes de naissance, travaillant tout le jour, chantant tout le soir; experts consommés en choses de théâtre; sachant leur Rossini sur le bout du doigt, depuis les mélodieuses équipées d'Almaviva jusqu'aux séraphiques accords de Moïse ; trois basses profondes des chœurs populaires de Trotebas ; trois harmonieux gondoliers des sérénades maritimes de la rade et du port.

Ils connaissaient M. Chave, car tout le monde le connaît à Marseille, et ils s'arrêtèrent pour causer.

On ne parlait alors que de mademoiselle Rachel. Le plus jeune des trois dit :

— Nous ne pourrons pas aller voir *Phèdre* ce soir, il y a du travail jusqu'à dix heures ; mais nous irons toujours sur la place du Théâtre pour voir sortir mademoiselle Rachel. Avant-hier elle a failli être étouffée par la foule ; heureusement nous étions là, quinze des nôtres, pour la protéger et lui faire un rempart de nos corps...

— Nous l'aurions emportée sur nos bras, dit le second; j'espère qu'elle se souviendra du peuple de Marseille.

Toujours sous l'obsession de son idée, M. Chave interrompit brusquement le jeune homme par cette interrogation :

— Connaissez-vous *Polyeucte*?

— *Polyeucte*, tragédie de M. Corneille, reprit l'ouvrier ; certainement nous la connaissons.

— Mais la connaissez-vous pour la jouer?

— Oh! pour la jouer !... Nous ne sommes pas des comédiens, nous... Si c'était pour *Moïse* :

> Dieu de la paix, Dieu de la guerre!

Là nous serions à notre aise... Ou bien pour *Guillaume Tell*...

> Quand l'Helvétie est un camp...

Mais *Polyeucte*!.... Ah! nous ne l'avons jamais chanté dans les chœurs Trotebas.

— Bah ! dit l'un des deux autres, si nous avions le temps d'apprendre cette tragédie, nous la jouerions.

— Oh! me dit M. Chave, ils ne doutent de rien, ceux-là !...

— Moi, dit le troisième, j'ai chanté, à Endoume, tout Balthazar de la *Favorite*.

> Et que Dieu ne te maudisse pas!

— Il ne s'agit pas de Balthazar, reprit M. Chave, il s'agit de *Polyeucte* pour mon théâtre, et de mademoiselle Rachel, voilà !

A ce mot magique, les trois jeunes basses bondirent comme des béliers, et provoquèrent, par une pantomime énergique, un supplément d'explication.

— Oui, oui, ajouta M. Chave d'un ton fier; oui si j'avais trois hommes de bonne volonté pour jouer *Polyeucte* chez moi, j'aurais mademoiselle Rachel, et ma fortune serait faite.

— Nous voici ! crièrent en trio les basses avec une voix de mistral, chauffée par le soleil.

Et ils entonnèrent le divin trio de *Guillaume Tell*.

Heureusement personne ne passait, selon l'usage, dans la rue Chave, excepté les échos oisifs du théâtre voisin.

— Bravo ! cria M. Chave à la *Cabaletta*, vous avez des voix superbes, vous jouerez *Polyeucte* comme trois Talmas !...

— Nous vous le promettons ! cria le trio, nous le jurons sur l'air du serment de *Beniowski*, de M. Boïeldieu.

Nous le jurons par tous les maux que nous avons soufferts.

— Savez-vous vos rôles ? demanda M. Chave.

— Nous n'en savons pas un mot, dit le plus jeune ;

mais c'est égal... Ah! si c'était le trio de la *Pie voleuse,* où il y a deux basses!...

— C'est que vous n'avez que deux jours pour apprendre *Polyeucte,* ajouta M. Chave.

— Ce qui fait quatre jours, dit la jeune basse, puisqu'il y a deux nuits. Nous veillerons.

Avec de pareilles volontés on supprime aisément tous les obstacles.

On établit ensuite les bases de cette représentation, et les trois jeunes gens descendirent des hauteurs de la plaine pour aller acheter trois exemplaires de *Polyeucte* à la librairie de Chaix. Chemin faisant, ils fredonnaient le trio de *Norma :*

Norma di tuoi improveri.

Un professeur de rhétorique au collége de Marseille, M. Norbert Bonnafous, un des hommes les plus savants et les plus spirituels qui existent, un charmant bénédictin, légué au dix-neuvième siècle comme échantillon de cet ordre illustre, voulut bien, à la prière de M. Chave, diriger les répétitions de *Polyeucte :* il y en eut trois.

— Ça marche très-bien ! disait M. Chave d'un air triomphant.

Le quartier Notre-Dame-du-Mont, jusqu'alors vierge d'affiches théâtrales, se réveilla le lendemain chargé sur tous ses murs de placards immenses annonçant la solennité de *Polyeucte*. L'émotion fut grande; on consulta les sages de la Loubière, de la rue de l'Amandier, de la rue des Minimes, et il fut décidé que *Polyeucte* pouvait être vu, sans péril pour les mœurs. M. Chave allait de maison en maison, *Polyeucte* à la main, et arrachait des larmes aux familles patriarcales en leur déclamant ces vers orthodoxes :

C'est peu d'aller au ciel ! je veux vous y conduire !
. . . . . . . . . . . . . . . . .
Je vous aime
Beaucoup moins que mon Dieu, mais bien plus que moi-même.
. . . . . . . . . . . . . . . . .
Où le conduisez-vous ? — à la mort ! — à la gloire !

— Toute la tragédie est écrite dans cet esprit ! s'écriait M. Chave.

Et on prenait des billets en pleurant.

Trois heures avant le lever du rideau, les jeunes amateurs avaient déjà revêtu les costumes de Polyeucte, de Félix et de Sévère; les familles pieuses arrivaient processionnellement au théâtre. M. Chave, debout devant le péristyle, souriait à cette merveilleuse exhumation d'un public trouvé dans les fouilles d'un quartier désert. On aurait cru voir Herculanum retrouvant son peuple en 1842.

Tout à coup des acclamations, furieuses comme des rafales du nord-ouest, éclatent sur les sommets de la plaine. Une calèche se lève, comme un astre inconnu,

sur l'horizon Chave ; la foule enthousiaste se précipite et
court avec les chevaux. C'est mademoiselle Rachel qui
arrive, toujours exacte comme une montre de Bréguet.

Eh ! vivrais-je mille ans, je n'oublierais jamais cette
soirée, et mademoiselle Rachel ne l'oubliera jamais
aussi, je crois même à travers ses marches triomphales
en Europe.

La salle Chave était comble, et le public qui la
remplissait n'aura jamais son pareil parmi tous les
publics de l'univers. Là, tout le monde, vieillards,
jeunes gens, jeunes filles, faisait son premier début de
spectateur, et mademoiselle Rachel allait conquérir,
dans un soir, toutes ces virginités d'enthousiasme
dramatique.

Les trois jeunes basses attaquèrent l'alexandrin de
Corneille avec une audace inouïe ; leurs voix de bronze
malléable ébranlaient le théâtre comme des coups de
bélier romain ; mademoiselle Rachel, électrisée par
les transports de ce monde nouveau, avait dépassé les
hauteurs du sublime ; chaque vers roulait dans un
tonnerre d'applaudissements ; les fleurs pleuvaient
avec les larmes ; c'était partout une ivresse, une exaltation, une extase, une furie de joie, un délire de bonheur dont rien au monde ne peut donner une idée. Si
la foule était tombée sur le théâtre, avec le rideau,
mademoiselle Rachel disparaissait, comme Romulus,

dans une tempête d'enthousiasme : on l'aurait retrouvée, le lendemain, sous une pyramide de camellias.

Placé au fond de sa loge, M. Chave avait atteint ce degré de bonheur que l'humanité n'a jamais connu ; la fête qui éclatait dans son cœur épuisa les munificences du ciel. Il savourait les voluptés de l'âme, si supérieures aux voluptés du corps; il planait comme un archange sur les joies de son public, et les recueillait toutes pour en faire le bonheur de sa vie, la céleste quiétude de son avenir.

*Polyeucte* joué, mademoiselle Rachel fut, dans le foyer des artistes, ravissante de grâce et de familiarité exquise; elle serra les mains des trois artistes improvisés, leur adressa des éloges, et s'entretint longtemps avec eux dans cette langue du monde réel qu'elle parle si bien.

M. Chave ne s'était pas trompé : cette soirée porta bonheur à son théâtre et à son désert.

De cette représentation de *Polyeucte* date la fondation de la cité neuve de la plaine : les maisons s'élevèrent dans les régions du vide, *inania regna*, comme par enchantement; le cordeau traça des rues qui se matérialisèrent en bonnes pierres d'Arles ; le théâtre vit naître aussi de brillantes soirées ; un public fut créé ; un limonadier s'installa pour les besoins des entr'actes; un club de rentiers se fonda dans le voisinage ; les passants passèrent comme dans une grande ville ; le conseil municipal leur donna même des trottoirs pour faciliter la circulation.

Et tout cela fut l'œuvre de M. Chave, de *Polyeucte*, de Corneille et de mademoiselle Rachel !

FIN.

# TABLE DES MATIÈRES

|  | Pages. |
|---|---|
| Une Amie de pension. | 1 |
| Adrienne Chenevier. | 25 |
| Ventre affamé a des oreilles. | 67 |
| Bourguignon en Égypte. | 68 |
| Un Fait-Paris d'hier. | 135 |
| Chronique du Bosphore. | 157 |
| Un couple affreux. | 185 |
| Le climat de Paris. | 215 |
| Le joueur d'échecs. | 234 |
| Variations de l'Église française. | 251 |
| Deux historiens. | 265 |
| Ubiquité de l'Angleterre. | 271 |
| Les païens de 1842. | 279 |
| Mademoiselle Rachel au théâtre Chave. | 303 |

FIN DE LA TABLE DES MATIÈRES.

POISSY — TYP. ET STÉR. DE AUG. BOURET.

www.ingramcontent.com/pod-product-compliance
Lightning Source LLC
Chambersburg PA
CBHW060637170426
43199CB00012B/1583